Augustinus
Liebe und tu,
was du willst

insel clip

14

»Liebe und tu, was du willst!«. Eine Forderung, die auf den ersten Blick Freiheit des eigenen Willens und Handelns gewährt, die eine träge Sicherheit zu lieben und dennoch tun zu können, was man will, verspricht. Doch dieser Ausspruch birgt den Widerspruch in sich: Der Mensch, der liebt, tut nur bedingt das, was er will. Er wird stets aus Liebe handeln, also tun, was die Erfordernisse der Liebe sind. Das Wort des Augustinus betont die Strenge, ja Härte und Forderung der Liebe, deren Grundlage – so der lateinische Begriff der *dilectio* oder *caritas* – die Hochachtung und Wertschätzung des anderen zum Inhalt hat. Wahre Liebe zeigt sich in Ernsthaftigkeit und Verantwortungsgefühl für den Mitmenschen, für die Gesellschaft, für die Natur, Pflanzen und Tiere, den Kosmos … und dies nicht aus Mitleid, sondern aus dem Wissen um den Wert des anderen, der einen Teil der eigenen Existenz ausmacht. Um sich selbst von bösem Tun zu befreien, gibt es eine unfehlbare Methode: Man muß lieben, als Ausdruck der Suche nach dem Göttlichen, ob man nun schweigt oder spricht, ob man tadelt oder verzeiht, Strenge oder Geduld zeigt. Das läßt sich auf alle Situationen des Lebens erweitern, um nach dem Weg zu suchen, der über die Grenzen des Menschseins hinausführt. Hier ergeht von Augustinus eine Aufmunterung an uns: spiel deine Melodie auf dem Instrument des Lebens, schlag deine ganze eigene Saite an, bring sie zum Tönen, bring dich so zum Leben, – doch halte dabei stets fest an der Liebe.
Bewahre die Liebe als Möglichkeit, das Göttliche im Menschen zu finden.

»Liebe und tu, was du willst!« – Nahezu vollendet ist das Leben des Augustinus, als er diese Forderung bei der Auslegung des 1. Johannesbriefes formuliert. Fazit eines Lebens mit allen Höhen und Tiefen, Zweifeln und Sehnsüchten, äußerlichen Erfolgen und schmerzlichen, inneren Erfahrungen. Augustinus ist damals sechzig Jahre alt und als Priester und Bischof in einer Phase sozialer und religiöser Unruhen für das Seelenheil und die Liturgie der ihm anvertrauten Gemeinde von Hippo Regius, einer Hafenstadt mit multikultureller Bevölkerung im heutigen Algerien, verantwortlich.
Geboren wurde Aurelius Augustinus am 13. November 354 in Tagaste wohl als Sohn romanisierter Berber. Seine Mutter war Christin. Eine Karriere als Grammatiklehrer und Rhetor führte ihn in jungen Jahren nach Rom und alsbald in die Kaiserresidenz Mailand. Als ihm dort ein befreundeter Landsmann von Antonius, dem »ersten Mönch«, erzählt und berichtet, er sei seinerzeit in Trier selbst Zeuge geworden, wie zwei Freunde zur Askese gefunden und den größten Karrieren entsagt hätten, ist Augustinus zutiefst erschüttert. Sein Werdegang nimmt eine rigorose Wendung: In der Osternacht 387 empfängt er in Mailand die Taufe. Er kehrt nach Afrika zurück. In Tagaste führt er mit einigen Gefährten ein im Sinne des Asketentums zurückgezogenes Leben. Schließlich wird er 396 Bischof von Hippo.
Augustinus gilt in vieler Hinsicht als genial. Seine Fähigkeit, sich auf Neues einzulassen, sich umzustellen und umbilden zu lassen, war Voraussetzung für das, was er wurde. Er selbst verstand dies jedoch nie als Veranlagung oder eigene Tat, sondern als Wirken göttlicher Gnade. Am Ende seines Lebens fordert er mit aller Rigorosität: liebe und tu was du willst, als ursprüngliches und einziges Gesetz jeden Lebens.
Augustinus starb während der Belagerung seiner Bischofstadt durch die Vandalen am 28. August 430.

Augustinus
Liebe und tu, was du willst

Ausgewählt von Michael Treberian

Insel Verlag

Insel-Clip 14
Erste Auflage 1995

Textquellennachweise am Schluß des Bandes
Vertrieb durch den Suhrkamp Taschenbuch Verlag
Umschlag von Hermann Michels, unter Verwendung
eines Fotos von Rynichi Oshimoto
Satz: MZ-Verlagsdruckerei GmbH, Memmingen
Druck: Ebner Ulm
Printed in Germany

1 2 3 4 5 6 – 00 99 98 97 96 95

Liebe und tu, was du willst

Diese Schrift empfiehlt nichts anderes als die Liebe. Ich brauche nicht zu fürchten, daß sie, weil die Rede so oft um sie geht, euch lästig falle; denn was wird noch geliebt, wenn die Liebe selbst dem Haß verfällt. Wie muß diese Liebe geliebt werden, da sie wirkt, daß das übrige in rechter Weise geliebt wird? So weiche denn diese Wirklichkeit, die niemals aus dem Herzen weichen darf, auch nicht von unserem Munde!

In epistulam Joannis VII, 1

So viel vermag die Liebe

So viel vermag die Liebe. Seht, daß sie allein scheidet; seht, daß sie allein die Taten der Menschen unterscheidet.

Wir haben das an ähnlichen Taten festgestellt. Aber sogar bei gegensätzlichem Tun finden wir einen Menschen hart aus Liebe und einen andern voll zärtlicher Rücksicht aus Bosheit. Ein Vater prügelt seinen Jungen, ein Sklavenhändler tut ihm schön. Wenn du diese beiden, Strafe und Schmeichelei, zur Wahl stellst, wer würde nicht die Schmeichelei erwählen und den Schlägen aus dem Wege gehen? Wenn du auf die Personen achtest, so ist es die Liebe, die schlägt, und die Bosheit, die schmeichelt. Hört, was wir euch einschärfen wollen: daß die Taten der Menschen sich in ihrem Wert nur von der Wurzel der Liebe her unterscheiden. Denn gar manche Tat scheint nach außen hin gut und geht doch nicht aus der Wurzel der Liebe hervor. Auch der Dornbusch trägt Blüten; manches aber scheint hart, unfreundlich; aber es geschieht zur Zucht unter dem Gebot der Liebe.

In epistulam Joannis VII, 7, 8

Liebe und tu, was du willst

Ein für alle Mal schreibt dir darum ein kurzes Gebot folgendes vor: Liebe und tu, was du willst! Wenn du schweigst, schweige aus Liebe; sprichst du, so sprich aus Liebe; wenn du tadelst, tadle aus Liebe; wenn du verzeihst, verzeih aus Liebe. Die Wurzel der Liebe soll das Innerste deines Herzens sein: aus dieser Wurzel kann nichts als Gutes hervorkommen.

In epistulam Joannis VII, 8

Aus Gott stammt die Liebe

»Geliebte, laßt uns einander lieben!« Warum? Weil ein Mensch dazu auffordert? »Denn die Liebe stammt aus Gott.« Eine große Empfehlung für die Liebe ist schon dies Wort: »Sie stammt aus Gott«; Größeres noch wird er sagen; hören wir aufmerksam zu! »Die Liebe stammt aus Gott; und jeder, der liebt, ist aus Gott geboren und kennt Gott. Wer nicht liebt, kennt Gott nicht.« Warum? »Denn Gott ist die Liebe«. Was könnte er Größeres sagen, Brüder? Wenn der ganze Brief nur dies eine zum Preise der Liebe sagte, wenn der Geist Gottes auf allen Seiten der Schrift uns nur dies eine zu hören gäbe: »Denn Gott ist die Liebe«, so dürften wir nach nichts weiter fragen.
Seht nunmehr, daß gegen die Liebe handeln soviel bedeutet, wie gegen Gott handeln. Keiner sage: Gegen einen Menschen sündige ich, wenn ich meinen Bruder nicht liebe; und leicht nur ist die Sünde wider einen Menschen; gegen Gott allein möchte ich nicht sündigen. Wie? sündigst du nicht gegen Gott, wenn du gegen die Liebe sündigst? »Gott ist die Liebe.« Sagen wir das? Wenn wir sagen würden: »Gott ist die Liebe«, so möchte vielleicht einer aus euch sich ärgern und sprechen: Was sagte er da? Was wollte er damit sagen, daß Gott die Liebe ist? Gegeben hat Gott die Liebe, geschenkt hat Gott die Liebe. »Aus Gott stammt die Liebe. Gott ist die Liebe.« Da, Brüder, habt ihr die Schrift Gottes! Kanonisch ist dieser Brief; bei allen Völkern wird er verlesen; mit der Autorität des Erdkreises wird er festgehalten; den Erdkreis hat er selbst auferbaut. Hier hörst du vom Geiste Gottes: »Gott ist die Liebe«. Wenn du es nun noch wagst, so handle wider Gott und liebe den Bruder nicht!

In epistulam Joannis VII, 4, 5

Gott ist die Liebe

»Gott ist die Liebe. Und wer in der Liebe bleibt, der bleibt in Gott, und Gott bleibt in ihm«. Gegenseitig wohnen ineinander, der hält und der gehalten wird. Du wohnst in Gott, jedoch so, daß du gehalten wirst; Gott wohnt in dir, jedoch so, daß er dich hält, damit du nicht fällst. Glaube nicht etwa, daß du so das Haus Gottes wirst, wie dein Haus deinen Leib in sich schließt; wenn das Haus zusammenstürzt, in dem du bist, dann fällst du; wenn du dich aber Gott entziehst, so fällt Gott nicht. Er bleibt unversehrt, wenn du ihn verläßt, unversehrt, wenn du zu ihm zurückkehrst.
Du empfängst von ihm die Heilung, aber du kannst ihm nichts geben; du wirst gereinigt, du wirst erquickt, du wirst gebessert. Er ist Arznei für den, der nicht gesund ist; er ist Richtscheit für das Verbogene, er ist Licht für den, der in Finsternis ist, er ist Heimat für den, der verlassen ist: Alles teilt er dir mit.
Glaube nur nicht, daß du Gott etwas gibst, wenn du zu ihm kommst, nicht einmal einen Knecht! Wird Gott denn keine Diener haben, wenn du nicht willst, und wenn alle nicht wollen? Gott bedarf der Diener nicht, sondern die Diener bedürfen Gottes; darum sagt der Psalm: »Ich sprach zu meinem Herrn: mein Gott bist du.« Er ist der wahre Herr. Was sagt darum der Psalmist zu ihm? »Meiner Güter bedarfst du nicht«. Du brauchst deinen Knecht. Dein Knecht braucht dich, damit du ihn nährst; und du brauchst deinen Diener, daß er dir helfe. Du kannst dir den Eimer nicht füllen, kannst dir nicht kochen, kannst nicht vor dem Pferd gehen, kannst deine Tiere nicht versorgen. Du siehst, daß du deinen Diener brauchst, seinen Gehorsam nötig hast. Du bist also nicht der wahre Herr, weil du einen Untergeordneten nötig hast. Jener ist der wahre Herr, der nichts von uns sucht; wehe aber uns, wenn wir ihn nicht suchen! Nichts

sucht er von uns; und er suchte uns, obgleich wir ihn nicht suchten. Ein einziges Schaf war in die Irre gegangen; er fand es, freute sich und nahm es auf seine Schultern. War etwa das Schaf für den Hirten notwendig und nicht vielmehr der Hirte für das Schaf?

In epistulam Joannis VIII, 14

Ausdehnung der Liebe

Dehne deine Liebe auf die Nächststehenden aus, aber nenne das nicht eine wahre Ausdehnung der Liebe! Beinahe liebst du ja dich, wenn du die liebst, die dir anhangen. Dehne sie aus auf die Unbekannten, die dir nichts Böses getan haben! Geh auch noch darüber hinaus und komm dazu, die Feinde zu lieben! Das befiehlt der Herr ganz gewiß. Warum aber schwieg dann Johannes von der Feindesliebe?

Zu jeder Liebe, auch der fleischlichen, liebe Brüder, gehört wesentlich ein gewisses Wohlwollen gegen die, die geliebt werden. Denn nicht so dürfen wir die Menschen lieben, wie wir Feinschmecker sagen hören: ich liebe die Krammetsvögel. Du fragst: Wozu (liebt er sie)? Um sie zu töten und zu verzehren. Er gibt vor, sie zu lieben, und seine Liebe geht auf Tod und Vernichtung aus. Alles, was wir zum Essen lieben, lieben wir dazu, es aufzuzehren und uns daran zu erquicken. Darf man auch die Menschen so lieben, daß man sie gleichsam aufzehrt? Nein, es ist ein freundschaftliches Wohlwollen, derart, daß wir zuweilen denen, die wir lieben, etwas schenken. Wie aber, wenn es nichts zu schenken gibt? Das bloße Wohlwollen genügt dann dem Liebenden. Wir können ja nicht wünschen, daß es Elende gibt, damit wir Werke der Barmherzigkeit üben können. Du reichst einem Hungernden Brot; besser aber wäre es, es würde keiner hungern, und du brauchtest keinem zu geben. Du bekleidest einen Nackten; daß doch alle mit Kleidern versorgt wären und eine solche Notwendigkeit nicht bestünde! Du bestattest einen Toten; wenn doch endlich jenes Leben käme, wo niemand stirbt! Du versöhnst Streitende; bestünde doch endlich jener ewige Friede des himmlischen Jerusalem, wo es keinerlei Zwietracht gibt! Alle diese Pflichten entspringen Notwendigkeiten. Nimm die Elenden weg – und die Werke der Barmherzigkeit werden aufhören.

Wird damit auch das Feuer der Liebe erlöschen? Lauterer liebst du einen glücklichen Menschen, dem du nichts geben kannst; reiner wird eine solche Liebe sein und noch viel aufrichtiger; denn wenn du einem Armen Gutes tust, wünschest du dich vielleicht über ihn zu erheben und willst, daß er, der der Urheber deiner Wohltat ist, dir sich unterwerfe. Jener war bedürftig, du warst der Geber; du kommst dir, weil du gegeben hast, gleichsam größer vor als der, dem gegeben wurde. Wünsche, daß er sei wie du, damit ihr beide unter dem einen seid, dem ihr nichts geben könnt.

In espitulam Joannis VIII, 4, 5

Liebe deinen Nächsten wie dich selbst

Vom Menschen kann der nicht besiegt werden, der seine eigenen Laster besiegt hat. Denn keiner wird besiegt, solang ihm nicht vom Gegner das, was er liebt, fortgenommen wird. Wer daher das allein liebt, was ihm nicht fortgenommen werden kann, der ist zweifellos unbesiegbar und wird auch von keinem Neid mehr geplagt sein. Dann liebt er nämlich etwas, in dessen Liebe und Genuß er sich mit vielen teilt, und je mehr es sind, um so reichlicher werden sie zu beglückwünschen sein. Denn er liebt Gott aus ganzem Herzen, aus ganzer Seele und aus ganzem Verstand und liebt den Nächsten wie sich selbst. Diesem Nächsten also mißgönnt er nicht zu sein, was er selber ist; er verhilft ihm vielmehr dazu, so viel er kann. Und auch verlieren kann er den Nächsten nicht, den er wie sich selbst liebt, weil er auch in sich selbst nicht das liebt, was den Augen oder den anderen leiblichen Sinnen unterliegt. Er hat ja den, den er wie sich selbst liebt, im Innern bei sich selbst.

Die wahre Religion 46, 86

Die Liebe tut dem Nächsten nichts Böses

Das ist eben die Regel der Liebe, daß der Mensch die Güter, die er sich wünscht, auch dem Nächsten zukommen lassen will, und was er an Übeln sich nicht wünscht, auch dem Nächsten nicht zustoßen lassen will. Und diesen Willen hegt er für alle Menschen. Denn niemandem soll man Böses erweisen: »Die Liebe tut dem Nächsten nichts Böses an«. Lieben wir daher auch, wie uns geboten ist, unsere Feinde, wenn wir wahrhaft unüberwindlich sein wollen. Denn durch sich selbst ist kein Mensch unüberwindlich, sondern durch jenes unwandelbare Gesetz, das allein die frei macht, die sich ihm unterwerfen. So kann ihnen, was sie lieben, nicht weggenommen werden: dieser eine Umstand schafft bereits unüberwindliche, ja vollkommene Männer. Liebt der Mensch nämlich den Menschen nicht so wie sich selbst, sondern so, wie er sein Haustier, sein Bad oder ein buntgefiedertes, zwitscherndes Vöglein liebt, das heißt, daß er aus ihm ein zeitliches Vergnügen oder einen Nutzen ziehen möchte: in einem solchen Fall wird er zwangsläufig zum Sklaven werden, aber nicht eines Menschen, sondern, was viel schimpflicher ist, zum Sklaven des häßlichsten und verabscheuungswürdigsten Lasters, mit dem er den Menschen nicht so liebt, wie der Mensch geliebt werden soll. Unter der Herrschaft dieses Lasters wird er zum niedrigsten Leben oder vielmehr zum Tode geführt.

Die wahre Religion 46, 87

Die zeitliche Liebe

Allerdings soll der Mensch vom Menschen auch nicht so geliebt werden wie ein fleischlicher Bruder, ein Sohn, ein Gatte, ein Blutsverwandter, ein Schwager oder ein Mitbürger. Denn auch das ist zeitliche Liebe. Wir würden ja überhaupt keine solchen Verwandtschaften haben, die sich aus Geburt und Tod ergeben, wenn unsre Natur den Geboten treu im Bildnis Gottes verblieben und nicht in jene Verdorbenheit verwiesen worden wäre. Daher ruft uns die Wahrheit selbst zur früheren vollkommenen Natur zurück und gebietet, daß wir der fleischlichen Lebensweise widerstehen, indem sie uns lehrt, daß niemand für das Reich Gottes taugt, der nicht diese fleischlichen Bande haßt. Das darf nicht als Unmenschlichkeit ausgelegt werden, denn viel unmenschlicher ist es, im Menschen, statt was an ihm Mensch ist, das zu lieben, was an ihm Sohn ist, das heißt, nicht das an ihm zu lieben, was zu Gott gehört, sondern das, was zum Menschen gehört. Was Wunder also, wenn der nicht zum Reiche Gottes gelangt, der nicht das gemeinsame, sondern nur das eigene Gut liebt? Ja, aber ich liebe beides, wird einer sagen. Es geht nur um eines, sagt Gott. Sagt doch die Wahrheit so richtig: »Keiner kann zwei Herren dienen«. Denn niemand kann das, zu dem wir berufen sind, vollkommen lieben, wenn er nicht das haßt, wovon wir abberufen werden. Berufen aber werden wir zur vollkommenen menschlichen Natur, wie sie Gott vor unsrer Sünde erschaffen hat, abberufen hingegen werden wir von der Liebe jener Natur, die uns die Sünde eingebracht hat. Darum sollen wir das, wovon wir befreit zu werden wünschen, hassen.

Die wahre Religion 46, 88

An anderen lieben, was man selbst ist

Hassen mögen wir also die zeitlichen Verbindungen, wenn wir in Liebe zur Ewigkeit entbrennen. Lieben aber soll der Mensch den Nächsten wie sich selbst. Sicher ist keiner sich selbst Vater, Sohn, Schwager oder sonstwie Verwandter, sondern bloß Mensch. Wer also jemand liebt wie sich selbst, muß das an ihm lieben, was er sich selbst ist. Die Leiber aber sind nicht das, was wir sind, deshalb soll nicht der Leib im Menschen verlangt oder begehrt werden. Denn auch hierfür gilt das Gebot: »Du sollst nicht begehren das Gut deines Nächsten«. Wer daher im Nächsten etwas andres liebt, als was er sich selbst ist, der liebt ihn nicht wie sich selbst. Zu lieben ist also die menschliche Natur als solche, ohne ihre fleischliche Beschaffenheit, sie mag sein wie sie ist, vollkommen oder erst auf dem Wege dahin. Alle sind unter dem einen Vatergott Verwandte, die ihn lieben und seinen Willen tun. Und gegenseitig sind sie sich Väter, wenn sie einander beraten, Söhne, wenn sie einander gehorchen, vor allem aber Brüder, weil sie der eine Vater durch sein Testament zu einer und derselben Erbschaft ruft.

Die wahre Religion 46, 89

Im Menschen die Kreatur Gottes lieben

Wie sollte daher der in seiner Liebe zum Menschen nicht unüberwindlich sein, der in ihm nichts außer dem Menschen liebt, also die Kreatur Gottes, nach Gottes Bild erschaffen, zumal ihm die vollkommene Natur, der seine Liebe gilt, nicht fehlen kann, weil er selber vollkommen ist? Wenn jemand, um es durch ein Beispiel klarzumachen, einen guten Sänger hören will, nicht diesen oder jenen bestimmten, sondern eben einen beliebigen guten Sänger, und wenn er selbst in der Gesangskunst hervorragend ist, dann will er eben, daß alle so sein sollen, obwohl ihm das, was er liebt, nicht fehlt, weil er ja selbst gut singt. Denn würde er einen, der gut singt, darum beneiden, liebte er bereits nicht mehr den Gesang, sondern das Lob oder etwas Drittes, zu dem er durch gutes Singen gelangen möchte und das ihm geschmälert oder genommen werden könnte, wenn auch ein andrer gut singen würde. Wer also den guten Sänger beneidet, der liebt einen guten Sänger nicht. Wer aber anderseits auf ihn verzichtet, hat kein Verhältnis zu einem guten Gesang.

Das kann noch viel passender auf einen, der gut lebt, angewendet werden, weil ein solcher überhaupt keinen beneiden kann, denn das, wohin die gut Lebenden gelangen, bleibt immer gleich für alle und wird darum nicht weniger, daß mehrere es haben. Es kann einmal vorkommen, daß auch der beste Sänger nicht schicklich zu singen vermag und nach der Stimme eines andern verlangt, die ihm das bieten soll, was er gerne hat, wenn er zum Beispiel irgendwo bei einem Gastmahl liegt, wo es für ihn unpassend wäre zu singen, sich aber ziemt, einem Sänger zuzuhören. Gut zu leben aber ziemt sich allezeit. Wer darum es liebt, gut zu leben und es auch wirklich tut, der beneidet seine Nachahmer nicht, sondern gibt sich ihnen gern und menschenfreundlich hin, so viel er kann, und trotzdem bedarf er ihrer nicht. Denn was er an ihnen liebt, hat er in sich selbst ganz und gar. Wenn er auf solche Weise seinen Nächsten liebt wie sich selbst, beneidet er ihn nicht, weil er sich selbst auch nicht beneidet; er gewährt ihm, was er kann, weil er es auch sich selbst gewährt; er bedarf seiner nicht, weil er auch sich selbst nicht braucht, denn er braucht nur Gott, an den allein er sich hält, um glücklich zu sein. Gott aber nimmt ihm keiner weg. Das ist also wirklich und wahrhaftig der unüberwindliche Mensch, der sich an Gott heftet, nicht um von ihm ein Gut obendrein zu erwerben, sondern weil für ihn nichts andres gut ist als eben dieses Anhangen an Gott.

Die wahre Religion 47, 90

Der Mensch braucht den Menschen, um zu lieben

Solange ein Mensch hienieden lebt, braucht er den Freund, um Gunst und Liebe zu entgelten, braucht den Feind zur Übung der Geduld, braucht viele, um Wohltaten, braucht alle, um Wohlwollen zu erweisen. Obwohl er das Zeitliche nicht liebt, bedient er sich zu Recht des Zeitlichen, berät die Menschen in ihren Schicksalen, wenn er auch nicht allen auf gleiche Weise helfen kann. Wenn er auch lieber einen seiner Freunde anspricht als einen beliebigen andern, so liebt er ihn darum nicht mehr, sondern hat nur, da er gleichsam eine offenere Tür zur günstigen Zeit findet, mehr Vertrauen zu ihm. Mit Menschen, die noch an zeitliche Verhältnisse gefesselt sind, geht er um so besser um, je weniger er selbst von Zeitlichem abhängig ist. Da er nicht allen, die er mit gleicher Liebe umfaßt, nützlich sein kann, wäre es ungerecht von ihm, nicht denen nützen zu wollen, die ihm eben näher verbunden sind. Die Verbindung des Herzens aber ist stärker als die von Raum und Zeit, die sich auf unsern Leib allein bezieht, ja sie ist die stärkste, die alle anderen übertrifft.

So schlägt ihn auch keines Menschen Tod nieder, weil er, der Gott von ganzem Herzen liebt, weiß, daß auch für ihn, was für Gott bestehen bleibt, nicht untergeht; Gott ist aber der Herr über Lebende und Tote. Durch keines andern Elend ist er elend, weil er auch durch keines andern Gerechtigkeit gerecht ist. So wie ihm keiner die Gerechtigkeit und Gott entreißt, so auch keiner die Glückseligkeit. Und erregt ihn auch einmal eines andern Gefahr oder Irrtum oder Schmerz, läßt er solche Regung Hilfe, Besserung und Trost wirken, nicht aber den Umsturz seiner eigenen Fassung.

Die wahre Religion 47, 91

Liebe fürchtet nichts

Bei aller Mühsal, die ihm seine Dienstwilligkeit auferlegt, bleibt er, in sicherer Erwartung kommender Ruhe, gelassen. Denn was vermag dem zu schaden, der auch den Feind zu seinem eigenen Besten zu gebrauchen weiß? Er fürchtet keine Feindschaft, denn er ist sicher unter dem Schutz und Schirm dessen, der ihm befohlen und die Gabe verliehen hat, den Feind zu lieben. Für einen solchen Mann ist es ein Kleines, sich eher in Trübsal zu freuen als zu verzagen; weiß er doch, »daß Trübsal Geduld wirkt, die Geduld Bewährung, die Bewährung Hoffnung. Die Hoffnung aber wird uns niemals in Verwirrung bringen, denn die Liebe Gottes ist ausgegossen in unsere Herzen durch den Heiligen Geist, der uns gegeben ist«. Wer könnte einem solchen Menschen schaden? Wer ihn unterwerfen? Ein Mensch, der bei günstigem Schicksal zunimmt, bei widrigem die frühere Zunahme schätzen lernt. Bei noch so großer Fülle wandelbarer Güter verläßt er sich nicht auf sie, und geht er ihrer verlustig, merkt er bloß, wieviel sie ihm bedeutet haben. Denn wenn sie uns beschieden sind, glauben wir meistens, sie nicht zu lieben, aber beginnen sie uns erst zu fehlen, lernen wir uns selbst erkennen: Nur das war ohne unsre Liebe uns zu eigen, dessen Verlust uns keinen Schmerz bereitet. Einer, der als Sieger etwas erlangt, das er nur mit Schmerz verlieren wird, überwindet nur scheinbar, in Wirklichkeit wird er überwunden. Der aber überwindet wirklich, wenn er auch scheinbar überwunden wird, der als Verzichtender das erlangt, was er gegen seinen Willen nicht verlieren wird.

Die wahre Religion 47, 92

Die Liebe zu wandelbaren Dingen

Wer sich an der Freiheit ergötzen will, der suche sich von der Liebe zu wandelbaren Dingen zu befreien. Und wen Herrschen ergötzt, der mache sich zum Untertan des einen Herrschers über alle, nämlich Gottes, indem er ihn mehr liebt als sich selbst. Die vollkommene Gerechtigkeit besteht darin, das Bessere mehr, das Schlechtere weniger zu lieben. Es soll der Gerechte die weise und vollkommene Seele so lieben wie er sie sieht, nicht so hingegen die törichte, die er nur deshalb lieben soll, weil sie vollkommen und weise werden kann, so wie man ja auch sich selbst nicht als Toren lieben darf. Denn wer sich in seiner Torheit liebt, wird nicht zur Weisheit vordringen. Keiner wird jemals werden, wie er sich wünscht zu sein, wenn er sich nicht, so wie er ist, haßt. Ehe freilich unser Nächster zur Weisheit und Vollkommenheit gelangt, muß seine Torheit mit demselben Gleichmut ertragen werden, mit dem man als Weisheitsliebender sich selbst erträgt, sofern man einmal töricht ist. So zeigt sogar noch die Hoffart einen Schatten von wahrer Freiheit und wahrer Herrschaft, und die göttliche Vorsehung bringt uns auch durch sie zum Bewußtsein, was wir als Lasterhafte andeuten und wohin wir als Gebesserte zurückzukehren haben.

Die wahre Religion 48, 93

Was unter Freunden geliebt wird

Das ist es, was unter Freunden geliebt wird und so geliebt wird, daß sich das menschliche Gewissen schuldig fühlt, wenn es den Wiederliebenden nicht liebt, den Liebenden nicht wiederliebt, nichts andres von ihm körperlich verlangend als die Beweise eines Wohlwollens. Daher diese Trauer, wenn einer stirbt, daher die Finsternis der Schmerzen. Unter der zur Bitternis gewordenen Süße schmilzt das Herz dahin, und der Verlust des Lebens der Gestorbenen wird zum Tode für die Überlebenden. Glückselig, wer Dich, Gott, liebt und den Freund in Dir und den Feind um Deinetwillen. Denn der allein verliert kein teures Wesen, dem alle in dem Einen teuer sind, der nicht verloren wird. Und wer ist dieser Eine, wenn nicht unser Gott, der Gott, der Himmel und Erde gemacht hat und sie erfüllt, weil er sie machte, indem er sie erfüllte? Dich verliert keiner, wenn er Dich nicht verläßt. Und wer Dich verläßt, wo geht er hin, wohin flieht er, wenn nicht von Dir, dem Sanften, zu Dir, dem Zornigen? Denn wo findet er nicht Dein Gesetz in seiner Strafe? Und Dein Gesetz ist die Wahrheit, und die Wahrheit bist Du.

Bekenntnisse IX, 14

Liebe ist größer als Glaube und Hoffnung

Die Liebe, die nach dem Worte des Apostels größer ist als Glaube und Hoffnung, bestimmt das Maß der sittlichen Güte eines Menschen. Wenn man nämlich fragt, ob ein Mensch gut sei, so steht nicht sein Glaube oder seine Hoffnung, sondern seine Liebe in Frage, denn die rechte Liebe schließt zweifellos den rechten Glauben und die rechte Hoffnung ein. Wer aber nicht liebt, dessen Glaube ist eitel, wenn auch der Gegenstand seines Glaubens wahr ist, und seine Hoffnung ist eitel, auch wenn ihr Gegenstand, der richtigen Lehre entsprechend, die wahre Glückseligkeit ist. Er muß freilich auch glauben und hoffen, um das lieben zu können, was ihm auf seine Bitten geschenkt werden kann. Wenn er nun auch ohne Liebe nicht hoffen kann, so ist es doch möglich, daß jemand die Mittel, um zu dem Ziel der Hoffnung zu gelangen, nicht liebt. Wenn zum Beispiel jemand das ewige Leben erhofft – und wer würde es nicht lieben –, aber die Gerechtigkeit nicht liebt, ohne die niemand zum ewigen Leben gelangen kann. Der Glaube Christi nun, den der Apostel empfiehlt, ist der durch die Liebe wirksame. Was er in der Liebe noch nicht besitzt, erbittet er, um es zu empfangen, sucht er, um es zu finden, und er klopft an, damit ihm aufgetan werde. Der Glaube erfleht ja, was das Gesetz befiehlt. Denn ohne Gottes Gabe, das heißt ohne den Heiligen Geist, der die Liebe in unsere Herzen ausgießt, kann das Gesetz wohl befehlen, aber nicht helfen; es kann auch einen Menschen zum Übertreter des Gesetzes machen, der sich nicht mit seiner Unwissenheit entschuldigen kann. Wo die Gottesliebe nicht herrscht, hat ja die fleischliche Begier die Oberhand.

Das Handbüchlein 117

Ziel aller Gebote ist die Liebe

Alle göttlichen Gebote zielen also auf die Liebe hin. Von ihr sagt der Apostel: »Der Endzweck des Gebotes aber ist Liebe aus reinem Herzen und gutem Gewissen und ungeheucheltem Glauben«. Der Endzweck jedes Gebotes ist also die Liebe, das heißt jedes Gebot zielt auf die Liebe hin. Wenn aber eine Tat aus Furcht vor Strafe oder aus einer fleischlichen Absicht geschieht und also nicht auf die Liebe hinzielt, die der Heilige Geist in unsere Herzen ausgießt, dann ist sie nicht, wie sie sein sollte, wenn es auch den Anschein hat. Bei der Liebe handelt es sich natürlich um Gottes- und Nächstenliebe. Und in der Tat »hängt an diesen zwei Geboten das ganze Gesetz und die Propheten«. Stellen aus den Evangelien und den Apostelbriefen bezeugen das. Sie allein sagen uns, »Endzweck des Gebotes ist die Liebe« und: »Gott ist die Liebe«. Alle Gottesgebote also – etwa: »Du sollst nicht ehebrechen« – und alle geistlichen Ratschläge – zum Beispiel: »Gut ist es für einen Mann, keine Frau zu berühren« – werden dann in der rechten Weise befolgt, wenn sie bezogen werden auf die Gottesliebe und auf die Liebe zum Nächsten um Gottes willen, sowohl in diesem wie im zukünftigen Leben. Jetzt werden sie im Glauben auf Gott bezogen, künftig im Schauen, und auch auf den Nächsten werden sie jetzt im Glauben bezogen. Wir Sterbliche kennen ja die Herzen der Sterblichen nicht. Einst aber »wird der Herr das in Finsternis Verborgene ans Licht stellen und die Herzensabsichten offenbar machen, und dann wird jedem sein Lob von Gott werden«. Denn der Nächste wird dann das an seinem Mitmenschen lieben und loben, was von Gott selbst der Verborgenheit entrissen und ans Licht gestellt ist. Die Begierde nimmt ab, je mehr die Liebe wächst. Und zum höchsten Maße gelangt sie dann, wenn das Wort von ihr gilt: »Eine größere Liebe hat niemand als die, daß er sein Leben für seine Freunde einsetzt«. Wie groß aber im Jenseits einmal die Liebe sein wird, wo sie keine Begierde zu überwinden hat, wer könnte das sagen? Denn die Fülle der Gesundheit wird dort herrschen, wo die Gefahr des Todes nicht mehr zu befürchten ist.

Das Handbüchlein 121

Liebe zu schönen Dingen

Schöne Dinge wären nicht, wenn sie nicht von Dir, Gott, kämen. Sie werden und vergehen und beginnen im Werden gleichsam erst zu sein, und wachsen, um sich zu vollenden, und, vollendet, altern sie und gehen unter; nicht alle altern, aber alle gehen unter. Wenn sie daher entstehen und zu sein trachten, wachsen sie um so schneller, um zu sein, und eilen um so mehr, um nicht zu sein. So ist ihre Weise. Nur das hast Du ihnen gegeben, Teile der Dinge zu sein, die nicht alle zugleich sind, sondern durch Schwinden und Nachfolgen das All zu bilden haben, dessen Teile sie sind. So vollzieht sich auch unsre Sprache mit ihren tönenden Zeichen; die Rede wird kein Ganzes, wenn nicht das eine Wort vergeht, sobald es in seinen Teilen erklang, damit das andre ihm folgt. Der schönen Dinge wegen lobe meine Seele Dich, Gott, Schöpfer aller, aber nicht verhaften möge sie sich ihnen, nicht in Liebe durch die Körpersinne sich an sie klammern. Denn sie gehen, wohin sie immer gingen, um nicht zu sein, und so zerfetzen sie mit den verderblichen Wünschen die Seele, weil diese Seele selbst sein will und dabei ruhen möchte in den Dingen, die sie liebt. Sie kann aber ein Sein in ihnen nicht besitzen, weil sie nicht bestehen bleiben: sie fliehen, und wer kann ihnen folgen mit dem Fleischessinn? Oder wer erfaßt sie selbst dann, wenn sie gegenwärtig sind? Denn langsam ist der Fleischessinn, weil es eben ein Fleischessinn ist: er selbst ist sein Maß. Er reicht hin zu dem, zu dem er geschaffen ist, zu jenem andren reicht er nicht: daß er festhielte, was vorübereilt vom bestimmten Anfang bis zum bestimmten Ende. Denn in Deinem Worte, durch das die Welt geschaffen ist, da hört sie es: Von da an und bis hierher!

Bekenntnisse X, 15

Urheber der Liebe

Wenn Körper gefallen, so lobe für sie Gott und lenke die Liebe zurück zu ihrem Urheber, auf daß du ihm nicht in dem, was dir gefällt, mißfällst. Wenn Seelen gefallen, mögen sie in Gott geliebt werden, weil auch sie wandelbar sind und nur in ihm den festen Stand besitzen: sonst würden auch sie gehen und vergehen. In ihm mögen sie daher geliebt sein. Was du erlangen kannst von ihnen, zieh mit dir empor zu ihm und sage ihnen: Ihn wollen wir lieben, er hat alles geschaffen und er ist nicht fern. Er hat das nicht geschaffen, um es zu verlassen, sondern was aus ihm ist, ist in ihm. Und siehe, er ist dort, wo du die Wahrheit fühlst. Er ist das Innerste im Herzen, aber das Herz ist von ihm abgeirrt. Geht zu eurem Herzen zurück, ihr Abtrünnigen, und hänget dem an, der euch erschaffen. Steht mit ihm, und ihr werdet stehen, ruht in ihm und ihr werdet ruhig sein. Weswegen geht ihr hin ins Ungemach, weswegen geht ihr hin? Das Gute, das ihr liebt, das ist von ihm: allein es ist nur gut und süß bei ihm; und bitter wird es sein mit Recht, weil es ein Unrecht ist, was von ihm ist zu lieben, wenn man ihn verlassen hat. Weswegen geht ihr immer noch und immer noch auf diesen schwierigen und mühsamen Wegen? Die Ruhe ist nicht dort, wo ihr sie sucht. Sucht, was ihr suchen mögt, doch dort, wo ihr es sucht, dort ist es nicht. Das glückliche Leben sucht ihr im Bereich des Todes: da ist es nicht. Wie sollte auch dort ein glückliches Leben sein, wo nicht einmal ein Leben ist?

Bekenntnisse XII, 18

Treue und gegenseitige Liebe

Wenn man davon absieht, daß, wie es bei der elenden Verfassung dieses Lebens oftmals vorkommt, aus irgendeiner Unwissenheit, um nicht Verrücktheit zu sagen, der Feind für den Freund, der Freund für den Feind gehalten wird, tröstet uns doch wohl in dieser von Irrtümern und Drangsalen so übervollen menschlichen Gemeinschaft nichts so sehr wie die ungeheuchelte Treue und gegenseitige Liebe unter wahren und guten Freunden. Je mehr und wo immer wir aber solche haben, desto größer und ausgebreiteter wird unsre Furcht sein, daß ihnen bei der Fülle von Übeln in dieser Welt ein Unheil zustößt. Wir sind ja nicht nur um sie besorgt, weil Hungersnöte, Kriege, Krankheiten und Gefangenschaften sie bedrohen, weil sie in Sklaverei geraten könnten mit unausdenkbaren Leiden, sondern unsre Bangnis um sie ist noch viel bitterer, daß sie in Bosheit und Liederlichkeit verfallen. Und tritt das ein – und es wird sicher um so häufiger eintreten, je mehr ihrer sind – und es gelangt zu unsrer Kenntnis, wird unser Herz von einem Brand versengt, den nur der empfinden kann, der es erlebt hat. Lieber hörten wir von ihrem Tode, so sehr er uns auch betrüben würde; denn hat uns ihr Leben die Tröstung der Freundschaft gebracht, wie sollte uns nicht ihr Tod mit Wehmut erfüllen? Und wer die abwehrt, der möge doch auch gleich, wenn er es kann, auf freundschaftliches Zwiegespräch verzichten; er versage sich, er zerreiße jedes freundliche Gefühl und löse hart und empfindungslos alle geistigen menschlichen Beziehungen oder erkläre rundweg, daß sie nur so zu gebrauchen seien, als ob aus ihnen keinerlei Wonnen die Seele durchströmten. Da das ja doch auf keinen Fall möglich ist, kann es nicht ausbleiben, daß uns der Tod von Freunden, deren Leben uns süß ist, bitter wird. Es muß schon ein ganz unmenschliches Herz sein, für das die Trauer um einen solchen Toten nicht zu einer Wunde, zu einem Geschwür wird, dem die üblichen Tröstungen zur Heilung dienen wollen. Und mag solch eine Wunde auch, je besser ein Geist ist, um so leichter und schneller heilen, sie ist deshalb nicht weniger eine Wunde. Wenn also das Leben von uns Sterblichen durch den Tod von sehr Geliebten, zumal von solchen, die im Dienste der menschlichen Gesellschaft nützlich waren, einmal gelinder, einmal härter betroffen wird, wollen wir trotzdem lieber hören oder sehen, daß die, die wir lieben, tot sind, als daß sie vom Glauben oder vom guten Lebenswandel abfielen, denn dann ist ihre Seele gestorben. Mit welch ungeheurer Menge an Schlechtigkeit ist doch die Erde angefüllt, weshalb geschrieben steht: »Ist nicht das menschliche Leben auf Erden eine einzige Versuchung?« Und deshalb sagt auch der Herr: »Wehe der Welt der Ärgernisse wegen«, und nochmals: »Wenn erst die Ungerechtigkeit überhandnimmt, wird die Liebe bei vielen erkalten«. So kommt es, daß wir noch dankbar sind für den Tod guter Freunde, und obwohl uns ihr Tod betrübt, er uns um so sicherer tröstet, daß ihnen die Übel erspart blieben, von denen in diesem Leben auch gute Menschen bedrückt oder verdorben oder zumindest bedroht werden.

Der Gottesstaat XIX, 8

Körper und Verstand als Ausdrucksmittel der Liebe

Ich weiß, daß man durch den Körper vielfältig ausdrücken kann, was mit dem Verstand nur auf eine Weise erfaßt wird, und ebenso vielfältig mit dem Verstand erfassen kann, was durch den Körper nur auf eine Weise auszudrücken ist. Siehe, wie einfach die Liebe zu Gott und dem Nächsten ist, und in wie vielfältigen Geheimnissen und unzähligen Sprachen, und in jeder Sprache wieder in wie zahllosen Formen und Ausdrücken sie körperlich ausgesagt wird! So fruchtbar sind, so mehren sich die Geburten der Wasser. Und siehe, jeder, der es liest, achte darauf, was die Schrift nur auf eine Weise vorbringt und die tönende Stimme aussagt: Im Anfang schuf Gott Himmel und Erde. Wird das nicht vielfältig verstanden, ohne Trug der Irrungen, sondern in allen möglichen Abwandlungen von wahren Erkenntnissen? So fruchtbar sind, so mehren sich die Geburten der Menschen.

Bekenntnisse XXIV, 36

Die Hinfälligkeit des Körpers

Es gibt noch eine andre Plage des Tages: daß er doch an ihr genug hätte! Wir stellen nämlich den täglichen Verfall des Körpers durch Essen und Trinken wieder her so lange, bis Du Speise und Magen zerstörst, wenn Du die Bedürftigkeit durch wunderbare Sättigung gefällt und dies Vergängliche bekleidet haben wirst mit ewiger Unvergänglichkeit. Jetzt aber ist mir noch die Notwendigkeit genußvoll, und ich kämpfe gegen diesen Genuß, damit er mich nicht gefangennimmt; einen täglichen Krieg führe ich mit Fasten, oftmals bringe ich meinen Körper in Knechtschaft, aber meine Schmerzen werden durch Genuß verjagt. Denn Hunger und Durst sind gewissermaßen Schmerzen, sie brennen und würden wie das Fieber töten, wenn nicht die Nahrung als Heilmittel zu Hilfe käme. Da dies immer der Fall ist und Deine Gnadengaben, mit denen uns Erde, Wasser und Himmel dienen, stets zu unsrer Tröstung bereit sind, wird dieser tägliche Verfall Genuß genannt.

Bekenntnisse XXXI, 43

Leibliche Bedürfnisse

So weit hast Du mich allerdings belehrt, daß ich die Nahrung tatsächlich nur noch wie ein Heilmittel zu mir nehmen will. Während ich aber den Übergang von der Beschwerde des Mangels zur Ruhe der Sättigung vollziehe, lauert mir der Fallstrick der Begierde auf. Denn dieser Übergang ist selbst ein Lustgefühl, und es gibt keinen andren Weg, um dahin zu gelangen, wohin zu gehen die Notwendigkeit uns zwingt. Weil der Grund des Essens und Trinkens die Erhaltung des Lebens ist, gesellt sich ihm wie eine gefährliche Begleiterin die Ergötzlichkeit bei, und meist versucht sie gar voranzugehen, um selbst der Grund dafür zu sein, was meiner Meinung nach und auch nach meinem Willen nur wegen der Erhaltung des Lebens zu geschehen hat. Und beide haben nicht das gleiche Maß: was für die Lebenserhaltung hinreichend ist, das ist für den Genuß zu wenig, und oft wird es ungewiß sein, ob die notwendige Sorge um den Leib noch Hilfe verlangt, oder ob die trügerische Wollust der Begierde Dienst erheischt. An dieser Ungewißheit freut sich die unglückliche Seele, findet in ihr eine Entschuldigung, um sich zu verteidigen, und ist froh, wenn es ihr nicht klar ersichtlich wird, was hinreicht, um der Gesundheit Genüge zu tun, so daß unter dem Vorwand der Erhaltung des Leibes die Beschäftigung mit dem Genuß beschönigt werden kann. Solchen Verführungen bemühe ich mich täglich Widerstand entgegenzusetzen und rufe Deine Rechte an und trage Dir meine Besorgnis zu, weil ich darüber mit mir selbst noch nicht im Reinen bin.

Bekenntnisse XXXI, 44

Der ›äußere‹ Mensch

Das erste Alter, die Kindheit, beschränkt sich auf die leibliche Ernährung, kaum daß sich der Heranwachsende dessen bewußt ist. Dem folgt das Knabenalter, von dem an wir beginnen, uns an etwas zu erinnern. Dann kommt das Jünglingsalter, dem die Natur bereits die Fortpflanzung, das Vaterwerden, gestattet. Aus dem Jüngling wird der junge Mann, der sich nun in öffentlichen Pflichten üben, sich von Gesetzen zähmen lassen muß. In diesem Alter steigert sich zusehends das Verbot der Sünden, und die Sündenstrafe zwingt knechtisch in den fleischlichen Gemütern das wilde Ungestüm der Begehrlichkeit nieder, und alle Übertretung verdoppelt sich. Denn Sünde ist ja nicht nur, Böses zu tun, sondern auch Verbotenes. Nach den Beschwernissen des Mannesalters wird aber auch dem Greise noch keine Ruhe gegönnt. Von da bis zum Tode führt ihn ein Alter, das sich verfärbt und immer schlechter wird und das noch mehr den Krankheiten und Gebrechen ausgesetzt ist. So spielt sich das Leben eines Menschen ab, der seinem Leibe lebt und den Begierden nach zeitlichen Dingen verhaftet ist. Er wird der alte Mensch genannt, der äußere, der irdische, auch wenn er das besitzt, was die Menge Glück nennt, und er mag in einem wohlgeordneten Erdenstaat leben, unter Königen, Fürsten, Gesetzen, gleichviel, oder unter allen diesen. Anders kann ja ein Volk nicht recht in Ordnung gebracht werden, zumal es dem Irdischen nachgeht, um dennoch eine gewisse Art eigener Schönheit zu besitzen.

Die wahre Religion 26, 48

Der ›innere‹ Mensch

Auch der innere Mensch hat seine gewissen Altersstufen, die sich aber durch ihren geistigen Fortschritt unterscheiden und nicht nach dem Verhältnis der Jahre. Das erste Alter nährt sich an den Brüsten der Geschichte mit nützlichen Beispielen. Das zweite setzt bereits die menschlichen Dinge hintan und trachtet hin zu den göttlichen. In ihm ist der neue Mensch nicht mehr geborgen im Schoße menschlicher Autorität, sondern sucht sich mit seiner Vernunft den Stützpunkt im höchsten und unwandelbaren Gesetz. Das dritte ist schon mutiger, es vermählt die fleischliche Begierde mit der Kraft der Vernunft und freut sich innerlich an dieser ehelichen Wonne, wenn sich die Seele mit dem Geist vereinigt und unter der Schleierhülle der Scham nicht mehr gezwungen zu werden braucht, richtig zu leben. Denn ließen es auch alle Umstände zu, fände sie gar keinen Gefallen mehr an der Sünde. Das vierte ist darin um vieles gefestigter und geordneter und nimmt den Anlauf hin zu dem vollkommenen Mann; es ist geschickt und tüchtig genug, um allen Fährnissen, Stürmen und Fluten dieses Lebens nicht nur Widerstand zu leisten, sondern sie auch zu überwältigen. Das fünfte lebt friedlich und von allen Seiten unangefochten im Reichtum und Überfluß des unwandelbaren Reiches, in der höchsten, unaussprechlichen Weisheit. Das sechste erfährt seine vollständige Verwandlung in das ewige Leben und gelangt zur gänzlichen Vergessenheit des zeitlichen. Es geht über zu der vollkommenen Form, die gemacht worden ist nach dem Bild und Gleichnis Gottes. Denn das siebente ist bereits die ewige Ruhe und die nach keinen Lebensaltern mehr gesonderte, fortdauernde Seligkeit. Denn so wie das Ende des alten Menschen der Tod ist, so ist das Ende des neuen Menschen das ewige Leben.

Die wahre Religion 26, 49

Empfindungen und Gemütsbewegungen

Was die Griechen *empátheiai* nennen, während Cicero von *constantiae*, von ruhigen Gemütsarten spricht, davon gab es für die Stoiker dreierlei, entsprechend den drei Gemütsbewegungen im Geiste des Weisen: den Willen für das Begehren, die Freude für die Fröhlichkeit und die Vorsicht für die Furcht. Für Unbehagen oder Schmerz, die zwei Gemütsempfindungen, die wir zur Vermeidung der Zweideutigkeit lieber Traurigkeit nennen wollen, gab es für die Stoiker keine entsprechende Gemütsbewegung im Geiste des Weisen. Sie sagen nämlich: der Wille erstrebt das Gute, das der Weise tut, die Freude entsteht durch ein erreichtes Gut, wie es der Weise allenthalben erreicht, und die Vorsicht verhütet das Übel, das der Weise vermeiden muß. Die Traurigkeit aber stellt sich ein, sobald ein Übel eingetreten ist; da jedoch nach ihrer Meinung dem Weisen kein Übel widerfahren kann, erklären sie, daß auch in seinem Gemüt keine entsprechende Bewegung auftreten kann. Der Weise allein, sagen sie, kann wollen, sich freuen und Vorsicht üben, der Tor hingegen begehrt, gibt sich der Fröhlichkeit hin, hat Furcht und betrübt sich. Die drei ersten werden bei ihnen Gemütsarten, die vier anderen, nach Cicero, Gemütsbewegungen genannt; die meisten sagen dafür Leidenschaften. Auf griechisch heißen die drei, wie gesagt, *empátheiai*, die vier *páthe*.

Der Gottesstaat XIV, 8

Das Gedächtnis

Denke an das Gedächtnis, das sich nicht auf die Gewohnheit eingepflanzter Dinge beschränkt, sondern die Beobachtung und Bezeichnung der unzählbaren anvertrauten und zurückbehaltenen Dinge festhält: all die vielen Künste der Meister, Bebauung der Äcker, Bauten der Städte, die vielgestaltigen Wunder der verschiedenen Gebäude und Monumente; die Erfindungen so vieler Zeichen in Schrift, Wort und Gebärde, in jederart von Tönen, Gemälden und Bildwerken; die vielen Sprachen der Völker, die vielen neuen und erneuerten Einrichtungen; die große Zahl der Bücher und Denkmäler jeder Art, dazu bestimmt, im Gedächtnis bewahrt zu bleiben, eine gewaltige Sorge für die Nachwelt; die Ordnungen der Ämter, Gewalten, Ehren und Würden in der Familie wie im Staat, im Krieg und im Frieden, der weltlichen und heiligen Zeremonien; die Kraft der Überlegung und des Ersinnens, die Ströme der Beredsamkeit, eine Fülle von Gedichten, tausend Anlässe für Spiel und Scherz, Geschick des Gestaltens, Sorgfalt des Messens, die Lehre des Zählens und die Mutmaßung aus der Gegenwart auf die Vergangenheit und Zukunft ... Das alles ist großartig und ganz und gar menschlich.

Die Größe der Seele 72

Der Wahrheit vertraue alles an

Der Wahrheit vertraue all das an, was du von der Wahrheit hast, und es wird dir nicht verlorengehen, und was in dir verwelkte, wird wieder aufblühen, alle deine Gebrechen werden heilen, was in dir schon zerfallen war, wird wiedergeformt, erneuert und dir frisch verbunden werden und nicht mit seinem Sturz dich selbst zu Boden werfen, sondern stehen mit dir und bleiben bei dem immer stehenden, dem immer bleibenden Gott.

Bekenntnisse XI, 16

In jeder Lage zufrieden sein

Folge nicht deinen Begierden und halte dich fern von deinen Gelüsten! Deiner Gnade verdanke ich auch dieses vielgeliebte Wort: Wir werden keinen Vorteil haben, wenn wir essen, keinen Nachteil, wenn wir nicht essen; das soll heißen, daß jenes mich nicht reich und dieses mich nicht elend macht. Und noch eins habe ich gehört: Ich habe gelernt, in jeder Lage zufrieden zu sein, und ich weiß im Überfluß zu leben und Entbehrungen zu ertragen. Alles vermag ich in Dem, Der mich stärkt. Seht, so spricht der Soldat der himmlischen Heere, nicht der Staub wie unsereiner. Aber gedenke, Herr, daß wir ja Staub sind, daß Du aus Staub den Menschen gemacht hast, und daß er verlorengegangen war und wiedergefunden worden ist. Auch jener vermochte das nicht aus sich selbst, weil er ebenso Staub war. Nur unter dem Anhauch Deiner Eingebung konnte er die vielgeliebten Worte sprechen: Alles vermag ich in Dem, Der mich stärkt. Stärke Du mich, damit ich es vermag, gib, was Du befiehlst, und befiehl, was Du willst. Jener bekennt, daß er es erst empfangen mußte, und rühmt er sich, so rühmt er sich im Herrn. Noch einen andren habe ich bitten hören, daß er empfangen möge: Nimm von mir, so sagt er, die Begierlichkeiten des Bauches! Daraus geht hervor, mein heiliger Gott, daß Du erst geben mußt, wenn das geschehen soll, was Du befiehlst.

Bekenntnisse XXXI, 45

Die Seele durch die Seele sehen

Auch die Mitte des Auges, die wir Pupille nennen, ist nichts andres als eine Art Punkt des Auges, und doch wohnt darin eine solche Kraft, daß mit ihr der halbe Himmel in seiner ganzen unsagbaren Größe beschaut werden kann, wenn man auf einer Höhe steht. Es widerspricht also nicht der Wahrheit, daß die Geistseele, wenn sie auch jeder körperlichen Größe ermangelt, die durch jene drei verschiedenen Dimensionen zustande kommt, trotzdem imstande ist, sich alle beliebigen Größen der Körper vorzustellen. Aber nur wenigen ist es vergönnt, die Seele durch die Seele selbst zu sehen, anders gesagt, daß die Seele sich selbst sieht. Sie sieht aber durch den Verstand. Durch ihn allein nämlich darf sie sehen, daß in der Welt der Dinge die mächtigeren und großartigeren gerade jene Wesenheiten sind, die, wenn ich so sagen kann, keinen Schwellungen ausgesetzt sind. Nicht ohne Grund versteht man ja unter Schwellung ganz allgemein die Leibesgröße. Wenn sie so hoch zu schätzen wäre, müßten wahrlich die Elefanten gescheiter sein als wir. Wenn einer, der sich viel mit Elefanten beschäftigt, ihre Klugheit rühmt – und ich habe mich oft gewundert, wenn ich merkte, wie manche Menschen in dieser Frage unsicher wurden –, der wird meiner Meinung nach zumindest zugeben müssen, daß eine kleine Biene mehr Verstand hat als ein Esel, und es wäre wohl mehr als Eselei, ihrer beider Größen zu vergleichen.

Die Größe der Seele 24

Um die Seele sollen wir uns kümmern

Vor allem muß ich deine allzu große, ja ins Unendliche schweifende Erwartung mäßigen, damit du nicht glaubst, ich wolle über jede Seele sprechen. Sondern ich will mich auf die menschliche Seele beschränken, um die allein wir uns kümmern sollen, wenn wir uns um uns selbst kümmern. Zuerst belebt sie, was jeder leicht beobachten kann, durch ihre Gegenwart den irdischen und sterblichen Leib. Sie gibt ihm seine Einheit und erhält ihn darin und erlaubt ihm nicht, sich aufzulösen und hinzuschwinden; sie besorgt die Verteilung der Nahrungsmittel in gleichmäßiger Weise, auf daß sie richtig jedem Glied zugute kommen. Sie bewahrt dem Leibe Übereinstimmung und Maß, nicht nur in der Schönheit, sondern auch im Wachstum und der Zeugung.

Die Größe der Seele 70

Die Seele wird aus Liebe verwundet

Jedes Menschen Seele kann selig und vollkommen werden, wenn sie der Wahrheit anhängt. Nichts aber steht dem Erfassen der Wahrheit mehr im Wege als ein auf Begierden ausgerichtetes Leben nebst dem falschen Bild, das wir uns von den sinnlich faßbaren Dingen machen, wie es uns von dieser sinnlichen Welt durch den Leib vermittelt wird, woraus all die verschiedenen Meinungen und Irrtümer entstehen. Deshalb muß die Geistseele geheilt werden, um das Unveränderliche an der Gestalt der Dinge erfassen zu können. Dann erst wird sie sich der stets vorhandenen und sich überall gleichbleibenden Schönheit der Wahrheit bewußt werden, die auf keinen Raum beschränkt ist und sich nicht mit der Zeit verändert, sondern sich ein und dasselbe in jedem Teil bewahrt. Daß es sie gibt, glauben die Menschen nicht, und doch ist nur sie selbst wahr und im höchsten Sinne seiend. Alles andre wird geboren und geht unter, fließt und wankt. Immerhin besteht auch dieses, soweit es ein Sein hat, weil es von einem ewigen Gott durch seine Wahrheit hervorgebracht wurde. Nur der vernünftigen und einsichtigen Seele ist es vorbehalten, auch in der veränderlichen Welt der Dinge den Blick genußvoll auf die Ewigkeit Gottes zu richten, von ihr ergriffen und verschönt zu werden und sich das ewige Leben erwerben zu können. Wird die Seele aber aus Liebe zu den werdenden und vorübergehenden Dingen oder vom Schmerz an ihnen verwundet, gibt sie sich der Gewohnheit dieses Lebens und den Körpersinnen hin, verliert sie sich in den nichtigen Bildern: dann verlacht sie die Menschen, die da sagen, es gebe etwas, das nicht mit den leiblichen Augen gesehen, nicht mit der Phantasie ausgedacht wird, sondern allein mit der Geistseele und der Einsicht wahrgenommen werden kann.

Die wahre Religion 3, 3

Seele und Körper

Wir wollen deshalb unsre Freude nicht auf fleischliche Lust, noch auf Ehren und Lobpreisungen der Menschen, oder auf die Erforschung der Dinge gründen, die den Körper von außen berühren, denn wir haben im Innersten Gott, wo alles, was wir lieben, sicher ist und unveränderlich. So kommt es, daß, wenn auch diese Zeitlichkeiten da sind, wir ihnen trotzdem nicht verfallen, und ohne Schmerzempfindung sie vermissen, wenn sie fehlen. Den Körper selbst aber geben wir hin ohne Schmerz, oder ohne großen Schmerz, auf daß er in seinem Tode zur Wiederherstellung seiner Natur zurückgegeben werde. Denn solange die Seele ihre Aufmerksamkeit dem Körper widmet, vergeudet sie sich mit beunruhigten Beschäftigungen und vernachlässigt zugunsten eines ihr gesamtes Liebeswerk. Sie steht dann trotzdem noch in dem von Gott beherrschten Allzusammenhang, wird aber Gesetzen unterworfen, die sie nicht liebt.

Musik 48

Die Seele zielt nach Unterwerfung anderer Seelen

Dieser Trieb der Seele aber zielt nach der Unterwerfung anderer Seelen; nicht von Tieren, was nach göttlichem Gesetz bewilligt ist, sondern von Vernunftbegabten, von den Nächsten, die unter dem gleichen Gesetz als Genossen und Teilhaber stehen. Über sie zu herrschen, begehrt die hoffärtige Seele, und um so überheblicher erscheint dies Trachten, das nicht die Körper, sondern die Seelen fordert, die das bessere Teil sind. Jedoch mit geistigen Seelen ohne Vermittlung des Körpers, durch sich selbst tätig zu sein, vermag nur Gott allein. Trotzdem ergibt es sich aus der Lage der Sünder, daß Seelen anderen Seelen zur Verfügung überantwortet werden und durch Äußerungen, durch die Wirkung des fremden Körpers, durch natürliche Zeichen wie Mienen, Blicke, Winke und durch Meinungen wie Worte in Bewegung kommen. Denn auch Befehle und Überredungen arbeiten mit Zeichen, und es gibt kaum etwas Wirksameres, dessen sich die Seelen im Verkehr mit anderen, in der Einflußnahme auf andere, bedienen können, als Befehl und Überredung. Die unabweisliche Folge davon ist, daß die Seelen, die sich mit ihrer Hoffart über andere zu stellen trachten, ihrer eigenen Teile und Körper nur mit Schwierigkeiten und nicht ohne Schmerzen Herr werden; Betörte durch sich selbst, von ihren sterblichen Gliedern Belastete. Mit diesen Zahlen und Bewegungen, die so von Seelen zu Seelen ihr Wesen treiben, erstreben sie sich Lob und Ehren und werden von der Betrachtung jener reinen und echten Wahrheit abgewendet. Denn Gott allein ehrt die glückliche Seele, indem er ihr im Verborgenen, nur vor Seinem Angesicht, ein gerechtes und frommes Leben bereitet.

Musik 41

Die Seele zielt durch die Liebe auf Vereinigung hin

Es erstreckt sich die Seele auf den Tastsinn, durch ihn empfindet und unterscheidet sie Wärme und Kälte, Rauhes und Lindes, Hartes und Weiches, Leichtes und Schweres. Weiterhin beurteilt sie die unzähligen Unterschiede der Geschmäcke, Gerüche, Töne und Formen, indem sie schmeckt, riecht, hört und sieht. Und von allen nimmt sie in sich auf und billigt das, was der Natur ihres Leibes entspricht, und verwirft und flieht das Gegenteilige. In regelmäßigen Abständen zieht sie sich von diesen Sinnen zurück und verjüngt gewissermaßen deren Bewegungen durch eine Art von Ferien. Die Bilder der Dinge, die sie durch die Sinne eingesaugt, überlegt sie da bei sich in gehäufter Form und vielfältiger Art, und das Ganze wird zu Schlaf und Traum. Oft auch ergötzt sie sich daran mit Freude, gibt sich in Leichtigkeit einer Bewegung hin und ordnet mühelos die Eintracht unter den Gliedern. Zu der Vereinigung der Geschlechter tut sie, was sie kann, und zielt in der verdoppelten Natur durch Verbindung und Liebe auf die Einheit hin. Ihr Trachten gilt nicht nur der Zeugung jungen Lebens, sondern auch seiner Pflege, seinem Schutz und seiner Ernährung. Mit den Dingen, unter denen der Leib wirkt und durch die der Leib sich erhält, verknüpft sie sich in Gewöhnung und trennt sich von ihnen so schwer, als seien es ihre eigenen Glieder. Diese Macht der Gewohnheit, die weder durch die Entfernung von den Dingen selbst, noch durch die Zeit zu zerreißen ist, wird Gedächtnis genannt.

Die Größe der Seele 71

Das Wagnis der Seele

Hier nämlich beginnt das Wagnis der Seele, sich voranzusetzen nicht nur ihrem eigenen Leib, wenn sie in einem Teil des Alls zu wirken hat, sondern sich auch über die Welt selbst hinwegzusetzen und deren Güter nicht für ihre eigenen zu halten. Und sie wagt auch diese Güter mit ihrer eigenen Macht und Schönheit zu vergleichen, um sie abzusondern und zu verachten. Und je mehr sie sich hierbei an ihrer Überlegenheit ergötzt, desto mehr zieht sie sich ab vom Unreinen und vermag sich als Ganze zu reinigen, sich ganz sauber, ganz zierlich zu machen. So kräftigt sie sich gegen alles, was sie von ihrem Vorsatz und ihrer Meinung abzubringen trachtet. Sie lernt die menschliche Gesellschaft hochzuschätzen, und läßt nicht zu, daß dem andern etwas zustößt, was sie nicht sich selbst wünschte. Sie folgt der Autorität und den Vorschriften der Weisen und glaubt, daß durch sie Gott zu ihr spricht.
Dieses so vorzügliche Tun der Seele ist immer noch mit Mühsal verbunden, und bestehen bleibt ein großer erbitterter Kampf gegen die Verdrießlichkeiten und Verlockungen dieser Welt. Denn in diesem Geschäft der Reinigung steckt verborgen eine Todesfurcht, manchmal gering, oft aber auch sehr heftig; gering dann, wenn ein ganz kräftiger Glaube an die überaus große Vorsehung und Gerechtigkeit Gottes da ist, die alles lenkt und wodurch keinem ungerecht der Tod zustoßen kann, selbst wenn ihn etwa ein Ungerechter zufügt: eine Wahrheit wie diese zu sehen, ist freilich nur einer völlig gereinigten Seele vergönnt. Heftig aber wird der Tod gefürchtet, wenn das um so schwächer geglaubt wird, je eifriger man es sucht und das Glauben selbst um so geringer erscheint, als die Ruhe infolge der Furcht abnimmt, während doch gerade sie zum Durchforschen solcher dunkler Dinge so überaus nötig ist. Je mehr außerdem die Seele durch ihre fortschreitende Entwicklung

spürt, wie sehr sie sich als reine von der befleckten unterscheidet, um so mehr fürchtet sie, es könnte Gott, wenn einmal der Leib abgelegt ist, sie noch weniger ertragen als sie sich selbst in ihrer Entheiligung. Nichts aber ist schwieriger, als zugleich mit der Furcht vor dem Tode sich den Verlokkungen der Welt zu entziehen, die als ständige Gefahren Forderungen stellen. Trotzdem ist die Seele so groß, daß sie auch das kann, freilich mit Hilfe der Gerechtigkeit des höchsten und wahren Gottes, die das All erhält und leitet und durch die es auch geschehen ist, daß nicht nur alle Dinge sind, sondern auch so sind, daß sie besser überhaupt nicht sein könnten. Ihm überläßt sie sich denn auch in diesem so schwierigen Werk ihrer Reinigung in allerhöchster Hingabe und vollster Sicherheit, auf daß Er ihr helfe und die Vollendung gebe.

Die Größe der Seele 73

Die Größe der Seele

Sobald diese Arbeit verwirklicht ist, das heißt, wenn die Seele erst einmal von allem Siechtum frei, von allen Makeln gereinigt ist, hält sie sich endlich voller Freude in sich selbst, fürchtet überhaupt nichts mehr für sich und hat auch keine irgendwie geartete Angst mehr um sich. Das ist dann die fünfte Stufe. Es ist nämlich zweierlei: auf die Reinheit hinzuarbeiten und die Reinheit zu behaupten. Und es ist ein zweierlei Tun: sich aus der Befleckung herauszuarbeiten und sich nicht weiter beflecken zu lassen. Auf dieser Stufe erst erfaßt die Seele so recht von allen Seiten her, wie groß sie ist. Und hat sie es erfaßt, schreitet sie mit einem ungeheuren, ja unglaublichen Vertrauen auf Gott zu, das heißt hinein in die Schau der Wahrheit und in das, um dessentwillen sie sich so viele Mühe gab: zum höchsten und geheimsten Lohn.

Die Größe der Seele 74

Von den trügerischen Dingen

Welche Freuden da sind, welches Erlaben am höchsten und wahren Gut, welcher Anhauch seiner heiteren Klarheit und Ewigkeit: was soll ich sagen? So manche große und unvergleichliche Seelen haben darüber gesprochen, soweit sie es für richtig gehalten haben, darüber zu sprechen, und wir glauben auch, daß sie es gesehen und daß sie es noch sehen. Ich für meinen Teil wage dir nur schlichthin zu sagen, daß wir, wenn wir mit höchster Ausdauer den Weg verfolgen, den uns Gott befiehlt und den einzuhalten wir uns vorgenommen haben, durch die Kraft und Weisheit Gottes hingelangen werden zu jenem höchsten Beweggrund, dem höchsten Bewerksteller, dem höchsten Urgrund aller Dinge oder wie immer dieses große Wesen noch angemessener benannt werden kann. Ist das erst erfaßt, werden wir in der Tat sehen, wie sehr alles unter der Sonne Eitelkeit der von Eitelkeit Betörten ist. Eitelkeit ist nämlich Trug, und unter Betörten sind Betrogene oder Betrüger, oder beides zugleich zu verstehen. Trotzdem ist es erlaubt, den Unterschied festzustellen zwischen diesen trügerischen Dingen und denen, die wahrhaft »sind«. Und wenn auch jene alle von Gott als dem Urheber geschaffen sind, so sind sie doch nichts im Vergleich mit diesen, mögen sie auch für sich betrachtet schön, ja bewundernswert sein.

Die Größe der Seele 76

Die Seele ist Gott, der Liebe, am nächsten

So wie man zugeben muß, daß die menschliche Seele nicht das ist, was Gott ist, so muß man doch annehmen, daß innerhalb der gesamten Schöpfung nichts Gott näher ist. Deshalb wird ebenso erhaben wie einzig in seiner Art in der katholischen Kirche gelehrt: »Die Seele darf kein Geschöpf anbeten« – ich bediene mich nämlich lieber jener Worte, mit denen mir selbst diese Lehre beigebracht worden ist –, sondern einzig und allein den Schöpfer aller Dinge, die da sind, aus dem, durch den, in dem alle Dinge sind; das ist das unveränderliche Prinzip, die unveränderliche Weisheit, die unveränderliche Liebe, der eine wahre und vollkommene Gott, der niemals nicht war, niemals nicht sein wird, niemals anders war und niemals anders sein wird. Nichts Geheimnisvolleres als er, nichts Gegenwärtigeres; schwer zu finden, wo er ist, schwerer noch, wo er nicht ist; nicht alle können mit ihm sein, doch ohne ihn kann keiner sein. Und was immer wir Menschen von ihm zu sagen imstande sind, auch wenn es noch so unglaublich ist, wird trotzdem nicht weniger richtig und angemessen sein.

Die Größe der Seele 77

Die Seele hat die freie Entscheidung des Willens

Der höchste und wahre Gott unterwirft auf Grund eines unverletzlichen und unverdorbenen Gesetzes, durch das er alles, was er schuf, leitet, den Leib der Seele, die Seele sich und auf diese Weise alles sich. Und in keiner ihrer Tätigkeiten verläßt er die Seele, ob er sie nun bestraft oder belohnt. Er hat entschieden, das Schönste sei, daß alles so ist, wie es ist, und derart nach Stufen der Natur geordnet wird, daß den Betrachter des Universums von keiner Seite her eine Häßlichkeit verletzt, und daß jede Bestrafung und jede Belohnung der Seele durch ihr rechtes Maß immer von neuem der Schönheit und Harmonie des Alls etwas hinzufügt. Gegeben ist nämlich der Seele die freie Entscheidung des Willens. Wer sich bemüht, diese Tatsache mit läppischem Gerede wankend zu machen, ist blind, weil er nicht sieht, daß er ja auch diesen Unsinn, diese Gotteslästerung mit seinem eigenen Willen ausspricht. Dennoch ist der freie Wille nicht so der Seele gegeben, daß sie mit seiner Hilfe imstande wäre, auch nur irgendeinen Teil der göttlichen Ordnung oder des göttlichen Gesetzes zu stören. Denn gegeben ist er vom weisesten und unbesiegbarsten Herrn der ganzen Schöpfung.

Die Größe der Seele 80

Die Seele belebt den Körper, wenn sie es will

Ich glaube nämlich, daß die Seele den Körper nur dann belebt, wenn sie es besonders will. Und ich glaube nicht, daß sie von ihm irgend etwas erduldet, sondern daß sie stets durch göttliche Fügung in ihm und an ihm ihre Oberherrschaft geltend macht: einmal gelingt dies leicht, ein andermal nur schwer, je nachdem, wie sich die körperliche Natur ihr fügt. Das Körperliche dringt von außen in diesen Körper ein oder an ihn heran und treibt im Körper, nicht in der Seele, eine Tätigkeit, die der seelischen entweder entspricht oder dawiderläuft.

Wenn sich nun die Seele dem ihr nicht Entsprechenden widersetzt und den ihr unterlegenen Stoff in die Wege ihrer Tätigkeit nur schwer hineintreibt, wird sie durch ihre erhöhte Tätigkeit gespannter; und dieser Spannung wird sie sich bewußt: das ist Wahrnehmen, und wir nennen es Schmerz oder Anstrengung. Stimmt das Dargebrachte oder Angebotene jedoch mit ihr überein, so leitet sie es, so groß es auch sein mag, mit Leichtigkeit in die Wege ihrer eigenen Tätigkeit über. Diese Arbeit, mit der sie ihren Körper mit dem von außen her übereinstimmenden Körperlichen verbindet, verfolgt sie ebenfalls aufmerksam, weil ja stets etwas Fremdes dabei mitspielt, und verbirgt sie nicht; aber da die Übereinstimmung vorhanden ist, bedeutet das Wahrnehmen hier Lust.

Fehlt jedoch die Übereinstimmung, so sucht die Seele ihrem Körper den Mangel zu ersetzen; sie wird ob dieser Arbeit um so gespannter: der Mangel mag nun Hunger oder Durst oder anders heißen. Ist das Dargebrachte im Überfluß vorhanden, so daß ihr Tun zu einer Schwierigkeit wird, erhöht sich ihre Aufmerksamkeit; auch das wird ihr bewußt, und die Wahrnehmung steigert sich bis zur Übelkeit; die Spannung besteht in jedem Fall: dringt es von außen linde heran, wirkt sie mit Lust, und dringt es wild heran, mit Schmerz. Jeder kränklichen Störung des Körpers begegnet sie mit dem Bestreben, beizustehen dem Schwindenden, dem Vergehenden; und diese nicht verborgene Tat nennen wir das Leid an Krankheit und Siechtum.

Musik 9

Der Blick der Seele: die Vernunft

Der Blick der Seele: das ist die Vernunft. Aber nicht jeder, der blickt, sieht auch schon. Der rechte und vollkommene Blick ist der, dem ein Sehen folgt, und der wird Tugend genannt, denn die richtige, vollkommene Vernunft ist eine Tugend. Aber selbst die schon geheilten Augen vermag dieser Blick nicht zum Lichte hinzuwenden, ohne daß jene drei dauernd vorhanden sind: der Glaube, der die Versicherung gibt, daß die Schau, zu der sich der Blick hinwenden soll, tatsächlich glücklich macht; die Hoffnung, die voraussetzen läßt, daß der Blick bei rechter Lenkung auch wirklich sehen wird; und die Liebe, die ihn das Sehen und das volle Genießen begehren läßt. Das Ziel des Blicks ist die Schau Gottes, in ihr endet der Blick, nicht so, daß er dann nicht mehr ist, sondern er hat nichts andres mehr, zu dem er sich wenden möchte.

Alleingespräche 13

Autorität und Vernunft als Arznei der Seele

So ist denn auch die Arznei der Seele überaus schön, die uns durch göttliche Vorsehung in unaussprechlicher Güte, stufenmäßig unterschiedlich, dargeboten wird; und zwar teilt sie sich in Autorität und Vernunft. Die Autorität fordert den Glauben und bereitet den Menschen auf die Vernunft vor. Die Vernunft führt ihn zur Einsicht und Erkenntnis. Allein die Vernunft setzt sich nicht ganz von der Autorität ab, denn es bleibt immer zu überlegen, wem zu glauben ist, und die Autorität an sich stellt im Grunde das Gesamtergebnis dar aus bereits erkannter und durchschauter Wahrheit. Nun sind wir aber so sehr dem Zeitlichen verhaftet und von der Liebe zum Zeitlichen derart dem Ewigen entrückt, daß für uns gewissermaßen eine zeitliche Arznei den Vorrang erhält. Sie ruft weniger die Wissenden als die Glaubenden zum Heil, und ihren Vorrang behauptet sie nicht in bezug auf ihr Wesen, nicht durch ihre Vortrefflichkeit, sondern sie ist nur der Zeit nach die erste. Denn wo der Mensch gefallen ist, dort muß er sich auch aufrichten, um wieder hochzukommen. Daher das Streben, sich auf die fleischlichen Formen zu stützen, an die wir gefesselt sind, um jene Formen zu erkennen, die das Fleisch nicht verkündet. Unter fleischlichen Formen verstehe ich solche, die durch das Fleisch, also durch Augen, Ohren und die anderen Körpersinne gefühlt werden können. Kinder müssen naturgemäß solchen fleischlichen oder körperlichen Formen in Liebe anhangen, und Jünglinge müssen es fast auch noch. Später dann, mit fortschreitendem Alter, ist es nicht mehr notwendig.

Die wahre Religion 26, 45

Unsterblich ist die Seele

Wenn also nichts wahr ist, außer es ist so wie es erscheint, und nichts körperlich ist, außer es kann durch die Sinne wahrgenommen werden, und wenn allein die Seele versteht, und wenn es keinen Körper außer dem wahren Körper gibt: dann bleibt, daß ein Körper nur dann sein kann, wenn die Seele existiert.

Unsterblich also ist die Seele: glaub endlich deinen Begründungen, glaub der Wahrheit! Sie ruft es laut, daß sie in dir wohnt, daß sie unsterblich ist, und daß ihr durch keinen wie immer gearteten Tod des Körpers ihre Wohnstätte entzogen werden kann. Wende dich ab von deinem Schatten, dem Leibe, kehr in dich ein. Dein Untergang ist keiner, du darfst nur selber nicht vergessen, daß du nicht untergehen kannst.

Alleingespräche 33

Nach diesem Leben genügt allein die Liebe

Wir wollen nun überlegen, ob die Seele, sobald sie zur Schau Gottes, das heißt zur Erkenntnis Gottes gelangt ist, noch jener drei Tugenden bedarf. Wozu ist der Glaube nötig, wenn sie bereits sieht? Wozu die Hoffnung, da sie bereits besitzt?

Der Liebe aber wird nicht nur nichts entzogen, sondern viel hinzugefügt. Denn sieht die Seele erst diese einzige und wahre Schönheit, wird sie um so mehr sie lieben. Es ist ja gar nicht anders möglich, in dieser glückseligsten Schau zu verbleiben, als unter der Empfindung einer ungeheuren Liebe, mit der sich das Auge so versenkt, daß es an keinerlei Abgleiten denken kann. Und solange die Seele im Körper wohnt, sie mag vom Anblick Gottes, das heißt von seiner Erkenntnis, noch so erfüllt sein, gehen trotzdem die Körpersinne ihre eigenen Wege. Wenn sie auch nicht die Seele zu täuschen vermögen, so gelingt es ihnen doch, sie schwankend zu machen. Daher kann man immer noch den Glauben als die Kraft bezeichnen, die der Seele Widerstand verschafft gegen Täuschung und Zweifel und ihr am ehesten den Weg zur Wahrheit weist. Und weil in diesem Leben die Seele, mag sie auch in ihrer Gotteserkenntnis bereits selig sein, dennoch vielerlei Beschwerden des Körpers zu erdulden hat, muß sie hoffen können, daß ihr nach dem Tode all das Ungemach erspart bleibt. Darum wird der Seele, solange sie in diesem irdischen Leben weilt, nie die Hoffnung schwinden dürfen.

Wenn sie sich aber nach diesem Leben ganz in Gott zusammengeschlossen haben wird, bleibt ihr die Liebe allein, mit der sie dort gehalten wird. Denn dann ist nicht mehr vom Glauben an ein Wahres die Rede, da die Seele nun durch keine Störung des Falschen mehr beunruhigt wird, und auch zu hoffen bleibt ihr nichts mehr übrig, weil sie Gott als den Ganzen jetzt in Sicherheit besitzt. Dreierlei also hat Bedeutung für die Seele: daß sie gesund ist, daß sie blickt und daß sie sieht. Und was die drei Tugenden betrifft, den Glauben, die Hoffnung und die Liebe, so sind sie alle für das erste und das zweite immer nötig, für das dritte nur in diesem Leben; nach diesem Leben genügt allein die Liebe.

Alleingespräche 14

Der freie Wille

Die erste Art der Unsterblichkeit hat die menschliche Natur durch ihren freien Willen verloren, die letztere wird sie aus Gnade empfangen. Hätte der Mensch nicht gesündigt, so würde er sie als Verdienst empfangen haben, obwohl auch in diesem Falle kein Verdienst ohne Gnade möglich gewesen wäre. Denn wenn auch die Sünde allein in dem freien Willen ihren Grund hatte, so genügte doch zur Bewahrung der Gerechtigkeit der freie Wille nicht allein, wenn ihm nicht göttliche Hilfe durch Teilnahme an dem unveränderlichen höchsten Gut gewährt worden wäre. Ähnlich, wie es in des Menschen Macht steht, zu sterben, wann er will – denn jeder kann sich, um nur das eine zu sagen, schon durch Hungern töten –, zur Erhaltung des Lebens aber der Wille allein nicht genügt, wenn die Lebensmittel zur Nahrung und der sonst notwendige Schutz fehlen würden. So hatte der Mensch im Paradiese in seinem Willen die Fähigkeit, sich selbst zu töten, indem er die Gerechtigkeit verließ, aber zur Erhaltung des Lebens der Gerechtigkeit war sein Wille nur imstande durch die Hilfe dessen, der ihn geschaffen hatte. Aber nach diesem Sündenfall zeigt sich die Barmherzigkeit Gottes noch größer, da nun auch der Wille selbst, den Sünde und Tod beherrschen, von der Knechtschaft befreit werden muß. Und er wird durchaus nicht durch sich selbst, sondern allein durch die Gnade Gottes, die im Glauben an Christus gründet, befreit. So wird der Wille selbst nach der Schrift vom Herrn vorbereitet; durch ihn erlangt er die übrigen Gaben Gottes, die ihn zu dem ewig währenden Geschenk geleiten.

Das Handbüchlein 106

Wille und Handeln

So gibt es also für Gute wie für Böse ein Wollen, ein Sich-Hüten und ein Freuen, und, um dasselbe mit anderen Worten zu sagen, es begehren, fürchten und belustigen sich Gute wie Böse; nur tun es die einen auf gute, die anderen auf böse Weise, je nachdem, ob den Menschen ein rechter oder ein verkehrter Wille innewohnt. Und selbst auch die Traurigkeit, die nach den Stoikern keinen Platz im Geiste des Weisen haben sollte, findet sich in gutem Sinne, und das besonders bei unseren Schriftstellern.

So lobt der Apostel die Korinther, weil sie sich in gottgefälliger Weise betrübt hätten. Aber vielleicht wendet da einer ein, der Apostel habe sie nur deshalb gelobt, weil sie in ihrer Buße sich betrübt hätten, und das sei eine Traurigkeit, die nur der empfindet, der gesündigt hat. Die ganze Stelle heißt nämlich: »Ich sehe, daß euch mein Brief, wenn auch nur für einen Augenblick, betrübt hat. Nun aber freue ich mich, nicht über eure Betrübnis, sondern weil euch die Betrübnis zur Buße geführt hat. Denn ihr seid gottgefällig betrübt worden, so daß ihr durch uns in keiner Weise Schaden erleidet. Denn gottgefällige Traurigkeit bewirkt heilsame Reue, die Traurigkeit der Welt hingegen bewirkt den Tod. Seht doch, welch großen Eifer gerade eure gottgefällige Traurigkeit in euch hervorgebracht hat«. Da können die Stoiker für ihren Teil freilich anführen, die Traurigkeit scheine dafür von Nutzen zu sein, daß man Reue über die Sünde empfindet; im Geiste des Weisen aber könne es sie deshalb nicht geben, weil ihm weder eine Sünde zustößt, deren Reue ihn betrüben würde, noch sonst ein Übel, durch dessen Erduldung oder Empfindung er traurig würde. Denn man erzählt auch von Alkibiades, er habe geweint, als ihm, der sich für glücklich hielt, Sokrates in einem Gespräch bewies, wie unglücklich er sei, weil er töricht sei. Auch ihm wurde also die Torheit zum Anlaß einer nützlichen, ja wünschenswerten

Traurigkeit, die den Menschen eben dann befällt, wenn er sich kränkt, das zu sein, was er nicht sein soll. Die Stoiker bestehen aber darauf, daß nur der Tor, nicht aber der Weise traurig sein könne.

Der Gottesstaat XIV 8

Der Wille Gottes

Man darf auch nicht daran zweifeln, daß Gott selbst bei der Zulassung des Bösen gut handelt. Denn auch diese Zulassung geschieht nach gerechtem Ratschluß; und es ist sicher alles gut, was gerecht ist. Wenn nun auch nichts Böses, soweit es böse ist, gut sein kann, so ist es doch etwas Gutes, daß es nicht nur Gutes, sondern auch Böses gibt. Denn wenn das Vorhandensein des Bösen nicht gut wäre, so würde das Böse ganz gewiß nicht vom allmächtigen, gütigen Gott zugelassen werden. Denn so leicht es ihm zweifellos ist, zu tun, was er will, ebenso leicht ist es ihm, das nicht zuzulassen, was er nicht will. Würden wir das nicht glauben, so geriete gleich der Anfang unseres Bekenntnisses in Gefahr, durch den wir unseren Glauben an Gott, den allmächtigen Vater, bekennen. Denn nur deshalb wird er in Wahrheit allmächtig genannt, weil er alles kann, was er will, und die Wirkung seines allmächtigen Willens nicht durch den Willen irgendeines Geschöpfes aufgehoben werden kann.

Daher müssen wir überlegen, in welchem Sinne von Gott gesagt wird – auch dieses Apostelwort birgt größte Wahrheit –, »daß er will, daß alle Menschen selig werden«. Da nämlich nicht alle selig werden, sondern die bei weitem größere Zahl nicht selig wird, so gewinnt es den Anschein, als ob der Wille Gottes nicht geschähe, und zwar, weil der menschliche Wille den Willen Gottes hemmt. Fragt man nach dem Grunde, warum nicht alle selig werden, so erhält man gewöhnlich die Antwort: Weil sie selbst es nicht wollen. Das kann man freilich von den Kindern nicht behaupten. Wollen oder Nichtwollen liegt noch nicht in ihrer Macht. Denn, wollte man das, was sie in kindlicher Erregung tun, ihrem Willen zuschreiben, so müßte man behaupten, daß sie wider Willen gerettet werden, wenn sie bei der Taufe mit aller Macht widerstreben. Doch deutlicher ist das

Wort des Herrn im Evangelium, wenn er die gottlose Stadt schilt: »Wie oft wollte ich deine Söhne sammeln, wie eine Henne ihre Küchlein sammelt; doch du hast nicht gewollt«, als ob Gottes Wille durch den Menschenwillen besiegt wäre, und der Allmächtige seinen Willen nicht hätte ausführen können, weil die schwächsten aller Wesen ihn durch ihr Widerstreben hinderten. Wo ist jene Allmacht, durch die »er im Himmel und auf Erden alles tut, was er will«, wenn er die Söhne Jerusalems sammeln wollte und es nicht konnte? Oder hat etwa Jerusalem nicht gewollt, daß ihre Söhne von ihm gesammelt würden? Und doch hat er gegen ihren Willen die ihrer Söhne versammelt, die er wollte? Denn es heißt nicht: »Im Himmel und auf Erden hat er einiges gewollt und getan, anderes freilich gewollt, aber nicht getan«, sondern »alles, was er wollte, hat er getan«.

Das Handbüchlein 96, 97

Wieso läßt Gott Böses zu?

Es gibt Dinge, die ganz und gar unverständlich sind und dennoch göttlich: wieso Gott, Der Selbst nichts Böses tut und allmächtig ist, so viel Böses tun läßt; zu welchem Zweck Er überhaupt die Welt erschuf, Der sie von Sich aus gar nicht brauchte; ob das Böse immer war, oder mit der Zeit begann, und wenn es immer war, ob es unter der Bedingung Gottes stand; und wenn es so war, ob auch diese Welt immer war, in welcher das Böse durch göttliche Ordnung gezähmt wurde; wenn aber diese Welt einmal zu sein begonnen hat, wie war es dann vorher: wurde da das Böse unter der Macht Gottes gehalten; was für eine Notwendigkeit war, eine Welt zu schaffen, in der das Böse, das ja bereits Gottes Macht bändigte, zur Strafe der Seelen mitaufgenommen wurde; wenn es aber eine Zeit gegeben hat, in der das Böse nicht unter Gottes Hoheit stand: was geschah da plötzlich, was während der vergangenen Ewigkeiten nicht geschehen war? Zu sagen, in Gott sei ein neuer Ratschluß entstanden, nenne ich nicht nur frevelhaft, es ist das Dümmste, was man sagen kann.

Wenn wir aber, was viele glauben, sagen, das Böse sei eines Tages Gott lästig und gleichsam zu arg geworden, so lachen nicht nur die Gebildeten, sondern auch die Ungebildeten werden aufgebracht. Die Natur des Bösen, wenn es die überhaupt gibt: was konnte die eigentlich Gott schaden? Wenn gesagt wird, sie habe Ihm nicht schaden können, dann fehlt jeder Grund, die Welt herzustellen; wenn aber gesagt wird, sie habe es gekonnt, ist das eine unsühnbare Sünde, weil man dann Gott für verwundbar hält und nicht einmal annimmt, daß Er aus eigener Kraft Sein Wesen vor Verwunderung schützt. Man gibt zwar zu, daß die Seele des Menschen auf Erden Strafen zu erleiden hat, aber zwischen ihrer und Gottes Natur will man keinen Unterschied erkennen. Wenn wir hingegen sagen, diese Welt sei nicht geschaffen worden, dann ist das frevelhaft, und daran zu glauben, wäre sehr undankbar, weil man daraus den Schluß ziehen müßte, daß Gott sie nicht hergestellt hat. Solche Fragen soll man also nur dann erforschen wollen, wenn man die Bildung nach jener dargestellten Ordnung erlangt hat; andernfalls soll man die Hände davon lassen.

Die Ordnung XLVI

Ein rechter Wille ist eine gute Liebe

Es kommt aber immer darauf an, wie des Menschen Wille geartet ist. Wenn er verkehrt ist, wird er auch verkehrte Regungen haben; ist er richtig, werden sie nicht nur unschuldig, sondern obendrein lobenswert sein. Denn in allen Regungen lebt ein Wille, ja mehr noch: sie alle sind nichts andres als Willensregungen. Was ist Begierde und Freude, wenn nicht der Wille dem zustimmt, was wir wollen? Und was ist Furcht und Trauer, wenn nicht der Wille ablehnt, was wir nicht wollen? Stimmen wir aber dem begehrend zu, was wir wollen, sprechen wir von Begierde, und stimmen wir ihm genießend zu, nennen wir es Freude. Lehnen wir ab, was wir nicht eintreten lassen wollen, so ist ein solcher Wille Furcht, und lehnen wir etwas ab, was gegen unsern Willen eintritt, ist ein solcher Wille Trauer. So wie überhaupt der Wille des Menschen je nach der Verschiedenheit der Dinge, die begehrt und gemieden werden, angezogen oder abgestoßen wird, ebenso wandelt und wendet er sich zu dieser oder jener Regung. Deshalb braucht der Mensch, der nach Gott und nicht nach dem Menschen leben will, bloß ein Freund des Guten zu sein, und er wird von selbst das Böse hassen. Und da keiner von Natur aus böse ist, sondern jeder erst durch die Sünde böse wird, schuldet der, so nach Gott lebt, den Bösen insofern den »tiefsten Haß«, als er nicht der Sünde wegen den Menschen haßt, oder des Menschen wegen die Sünde liebt, sondern die Sünde haßt und den Menschen liebt. Denn ist erst die Sünde geheilt, bleibt das als Ganzes zurück, was er zu lieben, und nichts, was er zu hassen hat. … Ein rechter Wille ist daher auch eine gute Liebe, ein verkehrter eine schlechte Liebe.

Der Gottesstaat XIV 6

Die Vernunft

Ich kann durch eine mir mögliche innere verborgene Bewegung alles, was ich in Erfahrung bringe, trennen und verbinden, und diese Kraft wird meine Vernunft genannt. Trennen aber kann man nur, was wie eine Einheit aussieht, es aber nicht ist, oder zumindest nicht so sehr Einheit ist, wie man annimmt. Anderseits: wozu wird etwas zu verbinden sein, wenn nicht, damit es zur Einheit wird, soweit es dazu fähig ist? Also will ich sowohl im Trennen als auch im Verbinden die Eins und liebe die Eins. Aber wenn ich teile, will ich die gereinigte Einheit, wenn ich verbinde, die ganze. Dort wird das Fremde ausgeschieden, hier das Eigene vereinigt, auf daß eine vollkommene Eins entsteht. Damit der Stein zum Stein werde, müssen alle seine Teile, muß seine ganze Natur zu einer Einheit verdichtet werden. Was ist ein Baum? Kann etwas ein Baum sein, das nicht eine Einheit ist? Was sind die Glieder, die Eingeweide eines Lebewesens, was ist das, woraus es besteht? Wenn sie die Scheidung aus der Einheit erleiden, hört das Wesen auf zu sein. Was versuchen Freunde andres, als eins zu sein? Und sie sind um so einiger, je mehr sie Freunde sind. Das Volk ist ein Staat, dem Zwietracht gefährlich ist; was ist aber Streiten andres als uneins Empfinden? Aus vielen Soldaten bildet sich ein Heer; wird es in seiner Vielfalt nicht um so weniger besiegt werden, je mehr es sich zur Einheit sammelt? Was ist alle Liebe, wenn sie nicht eins werden will mit dem Geliebten und das Geliebte so umfaßt, daß sie mit ihm vereinigt wird?

Die Ordnung XLVIII

Ist die Vernunft unsterblich?

Wie soll aber die Vernunft unsterblich sein, wo ich zugleich als vernünftig und sterblich definiert werde? Oder ist die Vernunft nicht unsterblich? Eins zu zwei verhält sich wie zwei zu vier: das ist wahrste Vernunft. Und diese Berechnung war gestern nicht mehr wahr als heute und wird morgen auch nicht wahrer sein als nach einem Jahr; und wenn die ganze Welt zugrunde geht, kann diese Rechnung nicht vergehen. Sie ist nämlich immer dieselbe. Die Welt hingegen hatte weder gestern, noch wird sie morgen haben, was sie heute hat. Und nicht eine einzige Stunde lang hat sie an diesem heutigen Tag am gleichen Ort etwa die Sonne: es bleibt ihr nichts, und es dauert für sie nichts auch nur kurze Zeit so, daß es sich gleich bliebe. Wenn nun die Vernunft unsterblich ist, so bin auch ich, der ich das alles trenne und verbinde, Vernunft, und das übrige, worin ich sterblich genannt werde, ist nicht das Meine. Wenn aber Seele und Vernunft nicht dasselbe sind, so gebrauche ich doch die Vernunft und werde durch die Vernunft besser: vom Schlechteren zum Besseren, vom Sterblichen zum Unsterblichen hat mich mein Weg zu führen.

Die Ordnung I.

Die Vernunft wendet sich an die sinnliche Freude der Seele

So forscht die Vernunft und wendet sich an die sinnliche Freude der Seele; die schrieb sich ja selbst die Fähigkeit zu urteilen zu, sobald sie in den gegliederten Räumen des Rhythmus durch die Gleichheit ergötzt wurde; nun fragt sie die Vernunft, ob die zwei kurzen Silben, die sie hört, in Wahrheit gleich sind, oder ob es möglich ist, daß eine von ihnen gedehnter hervorgebracht wird, nicht bis zu der Ausdehnung einer langen Silbe freilich, sondern etwas unterhalb ihrer Länge, aber immerhin länger als ihre Gefährtin. Kann man in der Tat zweifeln, daß dies möglich ist, und daß die sinnliche Freude den Unterschied nicht merkt und sich an den Ungleichen so ergötzt wie an den Gleichen? Was ist schmählicher als so ein Irrtum und so eine Ungleichheit? Daraus folgt für uns die Mahnung, unser Ergötzen nicht über die sinnliche Freude zu beziehen, in der auch die Nachahmung der Gleichheit für schön gilt. Mit den Sinnen können wir die Erfüllung der Gleichheit nicht erfassen; im Gegenteil: wir erfassen wahrscheinlich nur ihre Nichterfüllung, wenn wir auch nicht leugnen können, daß selbst die Nachahmung auf ihre Art und in ihrer Ordnung schön genannt werden kann.

Musik 28

Ewiges und Zeitliches

Weil das Ewige das Zeitliche überragt, ist nicht, was langsamer der Vernichtung anheimfällt, dem schneller Vorübergehenden vorzuziehen. Ist doch wahrlich die Gesundheit eines Tages besser als die Krankheit vieler Tage. Und wenn wir schon Zeitliches mit Zeitlichem vergleichen wollen, ist der eine Tag, den wir an das Lesen eines Buches wenden, besser als die vielen, an denen es geschrieben wurde. So dauern zwar die Melodien, die wir im Gedächtnis tragen, länger als jene, die sie eingeprägt haben, aber wir dürfen sie trotzdem jenen nicht überordnen, die wir verfertigen, zumal wir sie nicht im Körper, sondern in der Seele verfertigen: vergänglich sind beide; die einen, weil ihr Klang vorübergeht, die anderen, weil sie der Vergessenheit anheimfallen.

Die wir verfertigen, gehen im Augenblick vorbei: kaum ist ein Ton erklungen, vernichtet ihn der nächste, und dieser überläßt dem dritten seinen Platz, und so der Reihe nach folgt einer dem andern, bis auch der letzte verklungen ist, und Ruhe eintritt. Durch das Vergessen werden aber immer gleich mehrere Melodien, wenn auch nur allmählich, vernichtet: sie bleiben nicht lange unversehrt. Was nicht etwa ein Jahr lang in der Erinnerung bleibt, ist oft schon nach einem Tage im Vergehen; man empfindet das meistens gar nicht so und irrt in der Vermutung, man behielte eine Melodie, die man am Tage vorher besaß, ein Jahr; denn plötzlich ist sie uns entschwunden, und wir wissen nicht einmal, wann ihr Untergang begonnen hat.

Musik 6

Die Liebe bewahren

Liebe ist ein köstliches Wort, aber ein noch köstlicheres Tun. Immer können wir nicht von ihr sprechen. Denn vielerlei tun wir, und die verschiedenen Tätigkeiten zerstreuen uns, so daß es unserer Zunge nicht freisteht, immer über die Liebe zu sprechen: von nichts Besserem könnten wir ja reden. Aber mag man auch über sie nicht immer sprechen können, so kann man sie doch immer bewahren; können wir ja auch nicht immer Alleluja singen, wie wir es eben jetzt tun; nicht einmal eine volle Stunde, sondern nur wenige Augenblicke singen wir Alleluja und widmen uns dann etwas anderem. Es bedeutet aber Alleluja, wie ihr schon wißt, »Lobet Gott«. Mit der Zunge können wir Gott nicht immer loben, aber wir können es mit unserem Tun. Opferbereites Erbarmen, warme Liebe, ehrfürchtige Heiligkeit, unverletzte Keuschheit, nüchterne Besonnenheit, die müssen wir immer in uns tragen, ob wir in der Öffentlichkeit sind oder zu Hause, ob vor den Menschen oder in der einsamen Kammer, ob wir reden oder schweigen, ob wir tätig sind oder müßig, immer müssen wir die haben.

In epistulam Joannis VIII, 1

Je lieber ich von der Liebe spreche, um so weniger möchte ich, daß diese Schrift zu Ende geht. Keiner weiß die Liebe mehr zu entzünden; nichts ist köstlicher zu predigen, nichts heilsamer zu trinken, freilich nur, wenn ihr durch ein gutes Leben die Gabe Gottes in euch befestigt. Seid nicht undankbar für die große Gabe dessen, der, da er nur einen Sohn hatte, nicht wollte, daß dieser allein es sei, sondern damit er Brüder hätte, ihm solche zuerkor, die mit ihm das ewige Leben besitzen sollten!

In epistulam Joannis VIII, 14

Textquellennachweis

Die in diesem Band versammelten Texte wurden den nachfolgend genannten Werken entnommen:

Aurelius Augustinus' Werke. Herausgegeben und übersetzt von Carl Johann Perl. © Ferdinand Schöningh, Paderborn 1957-1983:
Die wahre Religion (*De vera Religione liber unus*): Nr. 3, 45, 48, 49, 86, 87, 88, 89, 90, 91, 92, 93
Dreizehn Bücher Bekenntnisse (*Confessiones*): X, 15; XI, 14; XI, 16; XII, 18; XXIV, 36; XXVII, 38; XXXI, 43, 44, 45
Das Handbüchlein (*De Fide, Spe et Charitate*) [Übertragen von Paul Simon]: Nr. 96, 97, 106, 117, 121
Der Gottesstaat (*De civitate Dei*): XIV, 6, 8; XIX, 8
Die Größe der Seele (*De Quantitate Animae liber unus*): Nr. 70, 71, 72, 73, 74, 76, 77, 80
Alleingespräche (*Soliloquiorum libri duo*): Nr. 13, 14, 33
Die Ordnung (*De Ordine*): XLVIII, XLVI, L, LI
Musik (*De Musica libri sex*): Nr. 6, 9, 28, 39, 41, 46, 48

Gott ist die Liebe. Die Predigten des Heiligen Augustinus über den 1. Johannesbrief. Übersetzt und eingeleitet von Dr. Fritz Hofmann. Verlag Herder Freiburg, 3. Auflage 1954: Traktat VII, 1 (S. 93). VII, 4, 5 (S. 94-95). VIII, 1 (S. 103). VIII, 8, 5 (S. 108-109). VIII, 14 (S. 117-118).

Inhalt

Diese Schrift empfiehlt nichts anderes als die Liebe 9

So viel vermag die Liebe 11
Liebe und tu, was du willst 12
Aus Gott stammt die Liebe 13
Gott ist die Liebe 14
Ausdehnung der Liebe 16
Liebe deinen Nächsten wie dich selbst 18
Die Liebe tut dem Nächsten nichts Böses 19
Die zeitliche Liebe 20
An anderen lieben, was man selbst ist 21
Im Menschen die Kreatur Gottes lieben 22
Der Mensch braucht den Menschen, um zu lieben 24
Liebe fürchtet nichts 25
Die Liebe zu wandelbaren Dingen 26
Was unter Freunden geliebt wird 27
Liebe ist größer als Glaube und Hoffnung 28
Ziel aller Gebote ist die Liebe 29
Liebe zu schönen Dingen 31
Urheber der Liebe 32
Treue und gegenseitige Liebe 33
Körper und Verstand als Ausdrucksmittel der Liebe 35
Die Hinfälligkeit des Körpers 36
Leibliche Bedürfnisse 37
Der ›äußere‹ Mensch 38
Der ›innere‹ Mensch 39
Empfindungen und Gemütsbewegungen 40
Das Gedächtnis 41
Der Wahrheit vertraue alles an 42
In jeder Lage zufrieden sein 43

Die Seele durch die Seele sehen 44
Um die Seele sollen wir uns kümmern 45
Die Seele wird aus Liebe verwundet 46
Seele und Körper 47
Die Seele zielt nach Unterwerfung anderer Seelen 48
Die Seele zielt durch die Liebe auf Vereinigung hin 49
Das Wagnis der Seele 50
Die Größe der Seele 52
Von den trügerischen Dingen 53
Die Seele ist Gott, der Liebe, am nächsten 54
Die Seele hat die freie Entscheidung des Willens 55
Die Seele belebt den Körper, wenn sie es will 56
Der Blick der Seele: die Vernunft 58
Autorität und Vernunft als Arznei der Seele 59
Unsterblich ist die Seele 60
Nach diesem Leben genügt allein die Liebe 61
Der freie Wille 63
Wille und Handeln 64
Der Wille Gottes 66
Wieso läßt Gott Böses zu? 68
Ein rechter Wille ist eine gute Liebe 70
Die Vernunft 71
Ist die Vernunft unsterblich? 72
Die Vernunft wendet sich an die sinnliche Freude der Seele 73
Ewiges und Zeitliches 74
Die Liebe bewahren 75

Je lieber ich von der Liebe spreche 76

Textquellennachweis 77